世图心理

博客：http://blog.sina.com.cn/bjwpcpsy
微博：http://weibo.com/wpcpsy

U0462411

临床教育学入门

孩子的心事

〔日〕河合隼雄 著

穆旭明 译

世界图书出版公司
北京·广州·上海·西安

图书在版编目（CIP）数据

孩子的心事 /（日）河合隼雄著；穆旭明译. —北京：世界图书出版有限公司北京分公司，2020.1
ISBN 978-7-5192-7059-9

Ⅰ.①孩… Ⅱ.①河… ②穆… Ⅲ.①学生心理—教育心理学 Ⅳ.①G444

中国版本图书馆CIP数据核字（2019）第260882号

临床教育学入门
RINSHO KYOIKUGAKU NYUMON
By Hayao Kawai
© 1995, 2019 by Kawai Hayao Foundation.
Originally published in 1995 by Iwanami Shoten, Publishers, Tokyo.
This simplified Chinese edition published in 2020
by Beijing World Publishing Corporation, Beijing
by arrangement with Iwanami Shoten, Publishers, Tokyo

书　　名	孩子的心事 HAIZI DE XINSHI
著　　者	［日］河合隼雄
译　　者	穆旭明
策划编辑	李晓庆
责任编辑	李晓庆
装帧设计	沙逸云
出版发行	世界图书出版有限公司北京分公司
地　　址	北京市东城区朝内大街137号
邮　　编	100010
电　　话	010-64038355（发行）　64037380（客服）　64033507（总编室）
网　　址	http://www.wpcbj.com.cn
邮　　箱	wpcbjst@vip.163.com
销　　售	新华书店
印　　刷	三河市国英印务有限公司
开　　本	880mm×1230mm　1/32
印　　张	7
字　　数	150千字
版　　次	2020年2月第1版
印　　次	2020年2月第1次印刷
版权登记	01-2018-4608
国际书号	ISBN 978-7-5192-7059-9
定　　价	39.80元

序一

　　本书是我的恩师河合隼雄教授（原日本文化厅长官）的著作。本书在日本出版时，和河合先生一样，我本人也供职于京都大学。阅读本书，您将知晓，临床教育学是一门全新的学问。这也是世界上第一本以"临床教育学"冠名的书籍。

　　身为临床心理学专家的河合先生为何想要写这样一本书？河合先生在书中详细阐述了理由，他觉得主要是因为日本的社会及教育与过去相比发生了巨大变化。

　　临床心理学这门学问起源于美国，至今已有100多年的历史。然而，和社会学、心理学比起来，临床心理学属于较年轻的学问。这里所说的"临床"一词的字面意思是"面临床头"。"临床"最早的意思是"面临死亡的床头"，后来逐渐有了"面临病床"的意思。我们可以认为，临床是一门完全基于"个人"发展而来的学问。临床学科的特征，用一句话说，就是重视每个个体。

　　教育学与临床心理学的立场截然相反，是一门注重整体的学问。临床教育学的出发点是为活生生的人考虑，关注"个人"与"整体"这两个不同的层面。因此，临床教育学无疑站在更高的位置上。此外，临床教育学与当代的"自然科学"存在极大的差异。自然科学的方法论强调客观性、量化、可操作性。与其相比，我们甚至很难找到明确的临床教育学的研究方法。临床教育学是一门难以得出结论的学问。面对如此难题，河合先生不畏艰难，挺身而出，迎接挑战，完成了本书。

　　我的个人著作《孩子的心灵：儿童心理分析案例》《表达性心理治疗：徘徊于心灵和精神之间》等图书都是由穆旭明先生翻译的。令人高兴的是，本书同样由穆旭明先生翻译。这些图书的出版也证实当今中国社会对这类学问的重视。中国是世界第一人口大国。可以想象，在中国，教育问题也好，临床中隐藏的问题也罢，必定也是大问题。我衷心希望本书能够被中国的广大读者接受。

山中康裕

国际表现病理艺术治疗学会副主席

国际沙盘游戏治疗学会创办成员

日本京都赫尔墨斯研究所所长

京都大学名誉教授

序二

观民设教，教思无穷

河合隼雄先生的《临床教育学入门》有了中文版，出版社的编辑给它起了一个更加平易近人的名字——《孩子的心事》。这部原创著作开启了临床教育学的先河。

河合隼雄先生面对生活中的现实问题，进行深度的心理学反思，努力提供整合性的教育方案，于1995年撰写了本书。作为日本第一位荣格心理分析师、箱庭疗法的命名者，河合隼雄先生也将心理分析与沙盘游戏的精髓带入了全新的临床教育学领域。

源自西方的"临床"概念（临床医学与临床心理学）与古希腊医神阿斯克勒庇俄斯（Asclepius）使用的"床"或"石板"有关。医神以此石板为床，通过梦来疗愈病人。将其翻译为中文的"临床"，契合了中国传统文化中的"疾病"与"医疗"，以及古代"梦"字所蕴含的深远意象。"教"与"学"本身都与《易经》有关。易者，象也。荣格将中华文化中的易象与汉字称为"可读的原型"（readable archetypes），认为其奥妙无穷。

"临床教育学"要面对现实，深入反思与解决问题。河合隼雄先生从"现代教育中存在的问题"入手，反思"学问"本身，继而创立临床教育学，开拓了全新的领域。接着他反思了"文化之病""文化的阴影"，以及"文化与社会中的教育"及其意义。

河合隼雄先生撰写此书时是1995年。那时日本社会与文化面临的问题竟仍然是中国当下教育与心理学的问题，比如河合隼雄先生所剖析的"拒学症"与"校园霸凌现象"。他在书中写道："近年来，'校园霸凌'成了很大的社会问题。受到欺负的少年独自烦恼，终至结束自己的生命。在遇到这样的事件时，我们都会深思事件发生的原因。有人说，'校园霸凌'现象并非现在才有的，过去也有。但是，现在的校园霸凌事件的最大特点是超越了常规。与过去的校园霸凌事件相比，现在的校园霸凌事件的规模完全不同，达到了空前绝后的地步。"这本《孩子的心事》是重要的理论著作，具有重大的现实意义。

我与河合隼雄先生于1995年相识，当时正值本书在日本出版之际。我常有机会向他请教，和他交流，受他启迪与鼓励。当我问他在心理分析过程中最重要的治愈因素是什么时，河合隼雄先生回答："我不知道。"在与他的交流中，我的收获是"忘我"

以及"治愈与自性"。河合隼雄先生去世后,我曾前往日本参加其追悼会,在"洗心岛"的微博号里写下《京都的红叶》作为纪念。

本书的译者穆旭明博士留学日本十余年,师从山中康裕,曾受教于河合隼雄,是心理分析、沙盘游戏与心理教育领域的专业学者。他已有多部译著出版,深受读者喜欢。

《易经》有临卦,知临行中,启发君子之"教思无穷",也有观卦,观其生,留下圣者"观民设教"的深远寓意。谨以"观民设教,教思无穷"为这篇序言作结。

申荷永

心理学教授

博士生导师

国际分析心理学会心理分析师

国际沙盘游戏治疗学会治疗师

国际分析心理学会中国分会会长

国际沙盘游戏治疗学会中国分会会长

序三

　　本书是一本由临床心理学家河合隼雄执笔的关于教育的著作。但是，这并不是一本普通的围绕教育及教育学展开的书籍。作者尝试开拓临床教育学这门学问。临床教育学的特征是紧密联系教育中的具体问题，其中包括拒学症、校园霸凌。临床心理学家河合隼雄长年来积累的经验在临床教育学中得到了充分的运用。此外，作者运用临床教育学的方法回答了如何开展课堂教学、如何处理师生间的关系、学校应如何管理孩子等问题。

　　探讨教育，特别是教育中的消极面，可以说是本书的特点。在谈论教育时，高喊目标、口号的人尤为多见。有的人甚至会将教育目标与理想强加于学习者。事实上，教育并非如此简单。作者在书中借助例子探讨了教育第一线的诸多具体问题，这令我印象深刻。例如，在缄默症男孩饲养乌龟的案例中，某一天乌龟消失的事实居然成了孩子开口说话的契机。临床教育学的最大特征正是重视眼前的每一个个体。作者通过探讨各种案例，总结出一种普遍的规律。由此，临床教育学诞生了。

众所周知，只运用某个单一的原理或方法是很难解决教育中的实际问题的。强调校规重要、要让孩子自由，这些想法都过于单纯。作者指出，在谈论教育时，人们始终存在两种相反的观点。其实"教育"中包含了"教书"与"育人"两个方面。我不知道汉语中是否存在对应的表达。这与调节"想做的事情"和"应该做的事情"之间的平衡也密切相关。教育中必定存在必须遵守的规则、不得不教授的准则。但是，如果老师一味拘泥于规则和准则，那么孩子必定遭到束缚。最后，教育本身就会毫无效率。因此，老师在教育中重视孩子的主观能动性尤为重要。但是，采用自由放纵式的教育模式并不能够保证老师完成原先的教育目标。

作者在书中围绕教育中存在的实际问题展开了论述。老师在教育中知道孩子身心发展阶段的特征无疑很重要。作者指出，青春期的孩子具有两种完全不同的表现。一方面，他们像石头般坚硬，把自身封闭起来。另一方面，他们把内在的变化表达出来，出现了各种不可思议的行为。这里重要的是，必须有人去阻止他们过激的行为。只有给予个体限制，他才能获得真正的自由。

本书说明了很多日本教育中存在的问题。临床教育学的研究者从教育第一线的实际情况出发也是理所当然的事情。此外，作者还论述了不同文化的异同。在此基础上，作者指出，近年来的拒学症、校园霸凌现象可以被看作日本的文化之病。作者将日本与西方的教育理念、育人目标等做比较。通过这样做，他进一步确认了日本教育的独特优势，也反省了日本教育的问题。

如同日本，中国同样拥有独特的传统。我不知道在接纳西方的教育理念及体系时，中国面临与日本相同的问题，还是出现了完全不同于日本的其他问题。我对此相当感兴趣。总之，介绍日本的具体案例，探讨教育的本质是本书的特点。我由衷期待获得中国读者对本书的评价，希望本书被中国读者接受，临床教育学能有所发展。

河合俊雄

国际分析心理学会主席

日本荣格心理学会常任理事

日本沙盘游戏治疗学会常任理事

京都大学教授

荣格心理分析师

Contents 目录

第一章

何谓临床教育学

"临床教育学"这个词对各位读者来说并不耳熟。早在1987年，日本京都大学教育学部就开设了以临床教育学冠名的系列讲座。在此之后的数年，日本各大学先后开设了各种讲座，对此我由衷感到高兴。作为京都大学临床教育学系列讲座的首任教授，我于1993年退休。但是，对于临床教育学，我始终持有很大的兴趣。我在书中会阐述到，迄今为止，我依然与教育第一线的老师保持着密切联系。

　　在日本，临床教育学是一门新兴的学科。不同领域的学者持有不同的观点，在想法上也各有差异。为了临床教育学的发展，我期待各种意见的碰撞。作为系列讲座的首任教授，将个人的想法整理成册是我应尽的义务。于是，我撰写了本书。首先，我想阐述我们为何需要进入这个全新的研究领域。

第一节　研究临床教育学的必要性

作为一门全新的学科，临床教育学始于实际教学过程。正如我在后文中所述，日本的教育存在各种各样的问题。解决这些问题，对日本今后的发展能够起到重要作用。事实上，教育问题不仅限于日本。世界各国都存在各种与各国实情紧密相关、迫切需要得到解决的教育问题。因此，我认为，从世界范围来看，临床教育学也是一个非常重要的研究领域。鉴于该领域与日常的实际教学有不可分割的关系，因此我将主要结合日本的现状进行论述。

现代教育中存在的问题

近年来，"校园霸凌"成了很大的社会问题。受到欺负的少年独自烦恼，终至结束自己的生命。在遇到这样的事件时，我们都会深思事件发生的原因。有人说，"校园霸凌"现象并非现在才有的，过去也有。但是，现在的校园霸凌事件的最大特点是超越了常规。与过去的校园霸凌事件相比，现在的校园霸凌事件的规模完全不同，达到了空前绝后的地步。

在发生此类"事件"后，很多日本人往往喜欢评头论足。随后，人们提出各种"处理对策"，寻找事件背后的"原因"。某些制度或组织，乃至某个人也因此成为大家攻击的对象。略知事件一二，随即给出攻击性的言论，确实极其简单。但是，当知晓事件详情之后，我们就会认识到，想要单纯地找出事件的"原因"是何等困难。个人的想法可能准确无疑，但是基于这种想法，我们不可能对今后日本教育的发展有所助益。对于霸凌事件，人们通常以一时的愤怒作结。

"拒学症"现象也是如此。当一个孩子不去学校时，老师也好，家长也罢，都会感到极其困惑。最初，拒学症被认为是孩子的懒惰、随心所欲造成的。后来，很多人认为这是家长的溺爱导致的。日本的教育制度、老师的行为也受到了谴责。如此寻找拒学症的原因，到最后，"无论哪个孩子都有可能患上拒学症"的说法就会大行其道。也就是说，我们其实很难用简单的"原因导致结果"的模式来说明拒学症。因此，一个"绝对有效"的解决方案并不存在。

我在此说明的校内霸凌、拒学症已经成了日本的社会问题，无人不知。在日常的教育过程中，问题可能堆积如山。一线老师必须采用各种方法去处理每一个问题。孩子在教室吵闹不停、一言不发、吃饭需要很长时间、盗窃、撒谎等，这些都是每天在校内发生的事。

与家长打交道，也是一件麻烦事。有从不来学校的家长，也有只有遇到事情才来学校、对学校提出一大堆意见的家长。此外，如今的家长大多受过高等教育。他们通常会一味地指责学校和老师。即使在孩子面前，有的家长也会表现出这种态度。老师必须和各种各样的家长打交道。

对于这种现象，我们该如何思考，如何处理呢？我们是否拥有解决这些问题的学问呢？

对"学问"本身的反思

教育学有着很长的历史。心理学、社会学也是如此。每一门学问都有不同的完整知识体系。但是，对于刚才我提到的问题，这些学问确实很难帮上忙。虽说如此，这些学问也不是毫无意义。每一门学问都有其存在的意义，在不同场合也会起到很好的作用。但是，当需要对实际问题给予直接、具体的指导时，这些学问本身通常苍白无力。

这也是所有"学问"共有的问题。近代科学得到了飞速的发展，也积极发挥了其有效性。所有的学问都受到近代科学的影响。近年来，人们对科学绝对信任的倾向似乎有所改变。至此，事情是否具有科学性，成了人们最为关心的事情。具有科学性的，都是真的。没有科学性的，都是假的。人们几乎形成了这样一种态度。

近代科学以客观性、普遍性、逻辑性为特征。确实，这些特征具有很大的说服力。在研究过程中，研究者对研究对象进行客观观察，研究结果不会受到研究者本人的影响。我们可以得到具有共性的结果，然后把得到的结果转换成在逻辑上毫无矛盾的知识体系。我们运用这种知识体系理解各种社会现象，科学技术也因此得到了快速发展。如今，我们极具效率，且感到生活极其方便。

既然拥有这么好的方法，考虑把它运用到教育中也是极其自然的事。我想在此举一个例子。一个刚上小学的孩子平时一言不发。即使有人叫他的名字，他也只是发呆。于是，班主任决定与他"科学"地打交道，开始对他进行客观的观察，并记下结果。班主任写道："即使有人叫他，他也没有回应。他行动缓慢、对外界毫无兴趣。"班主任的处理方式让孩子经受的挫折显得更大了。随后，班主任又更为客观地对这个孩子实施了智力测试。孩子和他人没有语言上的互动，这导致他的智力分数很低。孩子的能力没有得到完全发挥是显而易见的事实。班主任把这个孩子不善于语言表达的"原因"归结为"低智能"。

如此操作，即使孩子具有再大的潜力，展示潜力的机会也会被老师限制。也就是说，老师"客观"对待孩子的态度给孩子带来了很大影响。如果老师起初采取别的态度，那么孩子的行为必定会和现在的行为有所不同。老师成不了客观的观察者。想要构建临床教育学的知识体系，研究者必须置身于现象之中。

人并非"物体"。我们很难用单纯的自然科学的模式去理解人际交往的过程。既然"用科学的视角很难探讨人的尊严"，那么放弃客观的态度，用至高无上的爱去对待孩子，是否可行呢？想要做到这一点，我们必须考虑究竟什么是"爱"（人与人之间的爱也好，人与神之间的爱也罢）。

考虑"爱"的本质。奉献至高无上的爱显然很重要。但是，这种理论层面的观点对于人们如何对待一个一言不发的孩子来说，没有丝毫启发。我认为关键在于这里谈到的爱，没能直接和问题本身产生联系。学问体系客观严谨，但是与处理教育中的实际问题之间相去甚远。

学问体系客观、完整是好事。但是，一味强调学问，学问与活生生的人之间的距离就会越来越大。实际上，有一些学者意识到了改变这种倾向的重要性。

开拓全新领域

我之前强调，在教育现场时刻发生着各种各样的问题。对于这些问题，所有"学问"（包括教育学）都会与实际解决方法之间产生很大落差。为了解决实际问题，被称为学者的研究者必须与教育第一线的工作者保持密切联系。临床心理学专业的工作者需要整天与活生生的人打交道，倾听他们的内心烦恼。作为临床心理学的专业人士，我很早就与幼儿园、中小学的老师保持紧密的联系，共同探讨解决各种问题的方案，始终实践至今。

回想起20世纪60年代，我当时年轻、血气方刚，号召临床心理学专业的同仁与活跃在教育第一线的老师进行了一周的集训，互相探讨直至凌晨。虽然之后我去了瑞士留学，但是在回国后，我依然积极参加交流活动，并且受益匪浅。正是由于我拥有这些个人经历，所以始终有一个念头，即以交流中得到的成果为基础，开拓一门新的学问。

我想要研究教育中的实际问题，又想主动放弃近代科学中一贯强调的客观性。如果自以为是地操作，那么我无疑会失败。事实上，当初那些被称为"酷爱心理咨询"的人表现出的自以为是的态度，让教育第一线的老师感到十分困惑。研究者必须把自身参与的研究事项，在某个合适的时间点进行客观化，把获得的知识系统化。此外，研究者也应该接受周围人对其研究成果的批判与指责。基于此，我想到了开拓临床教育学这样一门全新的学问。

这并非一件容易的事。我已经阐述过，临床教育学的研究方法与现有的其他学问的研究方法有所不同，但是也并不是说彼此毫无关系。我想在下一节中阐述临床教育学的方法论的核心。必须强调的是，在某种意义上，教育学、心理学、哲学等学科的研究方法同样适用于临床教育学。有意识地将不同的学问联系起来很重要。我所阐述的临床教育学的方法论较为新颖。我并不否认现有的所有学问。临床教育学打破了迄今为止各个研究领域的分界线，它的研究方法是跨学科式的。不同领域的研究者以教育中存在的具体问题为研究核心，互相切磋探讨。研究者应当时刻意识到，这是一门不能脱离实际的学问。

临床教育学并不只是一个名称。它有全新的研究方法，是我想要创建的全新的学问体系。它与临床心理学、看护学、护理学等学问体系有很多相似之处。临床教育学受到现有学问体系的影响，具有整合医学、心理学、教育学等学问体系的可能。今后可能也会出现临床社会学、临床经营学等领域。在此，我最想强调，并且认为最为重要的是，临床教育学以活生生的人为研究对象，它的研究方法与以"物质"为研究对象的近代科学的研究方法是截然不同的。基于以上观点，我在下一节中将具体阐述临床教育学的研究方法。

第二节　临床教育学的研究方法

置身于现象之中

　　临床教育学强调的是，研究者本人置身于现象之中。这使得研究者很难成为一名"客观的观察者"（当然之后也可以进行客观的观察）。我在此阐述的"置身于现象之中"其实也有很多种表现形式。比如，有的研究者每天在课堂上教学，有的则整天与所谓的问题儿童打交道。对于自身究竟在多大程度上置身于该过程中，研究者本人应该有清楚的认识。值得一提的是，即使研究者工作在教育第一线，也很有可能站在旁观者的立场。

　　即使研究者在教育现场聆听老师的汇报，但是由于他聆听的态度不同，得出的结论可能十分不同。研究者的态度不同——与对方分享个人体验的态度或客观地了解"事实"的态度，他对汇报者叙述的内容所做的个人联想也是不同的。

研究者本人置身于现象之中，自然地，他会用已知的某种理论去解释他在研究过程中获得的知识。也就是说，将具体的教育现象与某种理论联系起来，或者只是去探讨忽略了自身存在的理论。这些操作完全没有必要。例如，我们说爱是至高无上的。那么，关于这种爱，研究者本人是如何思考的呢？其自身又在多大程度上能够付出这种爱呢？如果不这样去思考，那么我们就很难解决教育现场出现的实际问题。

比如，为了减少"校园霸凌"和"拒学症"现象，我们自然会想到让孩子在校内感到快乐。于是，老师就必须思考如何在校内组织各种有趣的活动（我会在之后的篇章中论述具体案例）。只要孩子们在学校感到快乐，同学之间的关系就会融洽，"校园霸凌"现象也就会自然消失。然而，我们不应该被如此单纯的想法所迷惑，应该进一步展开思考。例如，究竟在什么情境下人会处于"高兴"的状态，人生中什么是快乐的，一生只享受快乐能否算是好事，等等。这样思考的话，原先考虑在校内组织有趣的活动这件事本身就会发生改变。临床教育学的理论与实际应该相互结合。这也是临床教育学的特征。

说到教育，人们通常会把重心放在传授知识上。因此，老师设法研究各种出色的教学方法。确实大多数孩子能够有效地学到很多知识。但是，如果一味地强调教学方法，那么老师就很有可能会机械地掌控教学过程，控制眼前的孩子。当老师遇到不听话的孩子时，师生间的关系很快就会破裂。

学校老师必须考虑班里的所有孩子，较有成效地教授他们知识。对于那些掉队的孩子，老师必须给予特别的关注。临床教育学尤为重视后者。老师不要轻易判断眼前不能适应自身的教学方式的孩子就是"落后掉队"的，应该把自身放到与孩子的关系中，重新思考"掉队"孩子的实际状况。

从"个人"扩展到"普遍"

我刚才提到，老师应该把自己放到与孩子的关系之中，重新思考"掉队"孩子的实际状况。我想强调，重视个人正是临床教育学的特征。也就是说，临床教育学的核心并不是针对某个群体，运用某种方法，或是通过调查群体对象，得到某种整体倾向。临床教育学的核心是关心眼前的个人。

例如，一位老师去给一名拒绝上学的中学生做家访。孩子一见到老师就立刻躲到二楼的私人空间里，无论如何也不肯出来。我们不能觉得"老师好不容易去家访，他真是个不懂事的孩子"，也不能对孩子放任不管。一周后，老师又去家访。这一次，孩子意外地走出房间，见到了老师。"上一次我来，你看起来气势汹汹啊！"听老师这么一说，孩子回答道："我也不知道当时那样是出于什么原因。我可能以为是我爸出差回来了。"在师生间的对话中，我们可以发现，孩子与父亲之间的关系显然不和。然而，即使孩子有那种想法，老师也并没有立刻断定，父子间的关系不和起因于孩子一方。正是因为班主任始终重视眼前的孩子，所以做到了持续性的上门家访。这是在建立了关系的前提下，重视个体的一种方法。

我会提供另一个案例，不知各位读者看后会作何感受。一位高中女老师走访了一名拒学症男孩的家。男孩当时硬说不和任何人见面。但是，当他和女老师见了面后，却变得尤为健谈。老师从中得知男孩非常喜欢看电影。始终关在家里不出门的男孩，就是这样的。在老师的建议下，两人一起去看了电影。男孩渐渐恢复了健康，走出家门，去了学校，所有家庭成员高兴不已。所有人都觉得拒学症的问题完全解决了。然而，意想不到的是，男孩居然对女老师产生了强烈的爱慕之情。他课间时常去老师办公室，周围的任课老师也察觉到了这一点，偶尔会对男孩冷嘲热讽。女老师对男孩直率地说："我想帮助你，让你能来上学。但是我们之间不可能产生爱慕之情啊！"听到老师这样的回答，男孩再一次出现了拒绝上学的现象。无论学校的人如何对待他，他都毫无回应。

正如以上案例所示，注重眼前的个人，其实存在很大的隐患。老师通过一些方法与孩子拉近了距离，她个人丝毫没有感到有任何问题。然而孩子对老师产生了强烈的爱慕之情。孩子深信

老师与自己是同样的心情。在突然被老师拒绝后，孩子认为老师
"背叛"了自己，所以再一次躲到了家中。

我在此举了两个案例。从中我们可以得知，当注重眼前的个
人时，老师会遇到连自己都没有想到的事情。也就是说，有的孩
子会把老师看作父亲，也有的孩子会把老师看作恋人。究竟是什
么原因导致了这样的结果？为了防止此类事情发生，我们应该如
何去处理呢？也就是说，我们要试着在重视个人的前提下，找到
一种普遍性。那样的话，除了对于个体本身，我们对于人的整体
理解，也会更加清晰。

为了做到重视眼前的个人，研究者必须主动将自身置于现象
之中。这一点特别重要。研究者也要持有一种客观的态度。如果
缺乏客观的态度，那么就像刚才所述的案例那样，老师本人持有
的善意最后可能会伤害到一个高中生的心灵。

做到这一点相当困难。当老师接近某个孩子时，各种意想不
到的事情可能会发生，比如亲密关系带来的危险。然而，当老师
与孩子保持一定的距离时，师生间又不会有任何进展。因此，作
为临床教育学的研究者，时常要围绕自身与儿童之间的得体的人
际关系，接受专业化的训练。换言之，没有得到一定程度的专业
训练，个体就很难成为临床教育学的研究者。临床教育学是一门
结合了实践与理论的学问。

学习者的视点

教育学特别重视从传授者的视角出发，比如老师如何有效地传授知识，如何得体地引导眼前的孩子。这通常会忽略学习者的视角。在此，我首先想强调，老师要重视孩子的"失败"。当老师热心地教授孩子时，对于孩子的失败，他们会感到焦急，不予接纳，也自然会迅速朝着正确的方向去引导孩子，或是将正确的答案填喂给眼前的孩子。

日语中有一种很有趣的表达①：或许眼前的回答确实是正确的，但是就是让人接受不了。这种表达说明，理解某件事情需要超越知识的层面。只有在大脑与身体都能接受的情况下，个体才算是真正理解了某件事情。判断孩子是否"身心完全理解"某件事情，只要看他的表情，我们便一目了然。对于老师的回答，孩子即使口头上说正确，但是从他的表情我们可以判断出，其实他并没有完全认同老师的回答。在遇到这样的情况时，老师可以对孩子说："你哪里不懂，你在考虑什么？"边询问，边耐心地等待与倾听。只有老师沉着冷静，耐心等待，孩子才会把内心的想法告诉眼前的老师。

我曾经是一所完全中学的数学老师。当时，即便运用逻辑思

---

① 日语"腑に落ちる"表示不能理解，不能理会。——译注

维解释数学习题，我也会遇到"完全不理解"的孩子。在与这些孩子的交流中，我得到了很大启发，也认真思考过如何让眼前的孩子真正理解的教学法。

在与孩子打交道的过程中，我们通常会看到他们的失败或者错误的行为。站在他们的立场去思考错误的行为，有时也会给我们自身带来帮助。曾经有一名小学四年级的孩子在老师面前经常偷盗，简直就是希望老师能直接抓到他。如果我们从大人的视角出发去判断，那么我们会觉得他就是一个"愚蠢的孩子"。但是，孩子的班主任用"孩子的视角"去看待那种行为。他心想："原来这个孩子是想多见见我啊。他可能有很多话想跟我说。"基于这种想法，老师悄悄地把孩子叫到了办公室，和蔼可亲地问道："你是想和老师说什么吗？"于是，孩子向老师说了家里不为人知的秘密。

在另一个例子中，一个刚上小学的孩子时常表现出紧张不安的情绪。母亲觉得上学路上不安全，于是时常接送孩子。母亲的表情通常是极其严肃的。在遇到某些小事时，她会对孩子说这说那，似乎特别不放心。班主任心想，小男孩在这样一位母亲的教育下怎么长得大啊？于是班主任每次见到孩子的母亲，表情就会很不自然。母亲察觉到自己与老师的关系很别扭，她的神情变得更加紧张。然而，老师在与母亲的交流中无意间得知，他们家的大儿子在幼年时遇到交通事故去世了。因为失去了长子，所以母亲对小儿子才倍加呵护。从此以后，老师便能够接受这位母亲在接送孩子途中显露出的紧张神情。

面对孩子母亲，班主任并没有直接说："您家大儿子去世了啊！"他依然与家长保持着普通对话，目的是想让母亲放松紧张的情绪。就这样，母亲也渐渐开了口。学期即将结束，母亲谈到失去大儿子的悲伤，以及无论如何也想好好照顾好小儿子的心情。她表达了内心的想法，心情很放松，对自身也有了更加客观的认识，紧张的神情也渐渐消失了。与此同时，孩子身上的紧张不安情绪也慢慢不见了。就像这样，班主任起初并没有直接判断对方是"难伺候的家长"。当他知道母亲的遭遇后，改变了自身的态度。这种转变极具意义。

这是一个老师站在母亲的立场思考，找到解决问题的线索的典型案例。我们可以从以上两个案例中得到一个共同的结论，即老师的作用并不只是单纯教授知识。老师可以自由地转换视角，探究某种现象包含的多重意义，找到解决问题的方法。通常，我们对于某个现象只会产生唯一的评判。在贴上"好"与"坏"的标签之前，我们应当改变视角，发现现象中存在的不同含义。这也是一个临床教育学的重要观点。

第三节　临床教育学的特征

发现型

临床教育学的最大特征是发现型。也就是说，临床教育学的研究者并不是起初就有清晰的预测，按照预测展开研究，最终得到有效的结果。虽说如此，研究者并不是在漫无目的地研究。我在此运用登山的例子解释。为了登山，人们事先必须做好登山准备。对于气候与山本身，我们也需要有一定了解。出发前，我们做了一定的预测。但是，实际出门登山会遇到很多意想不到的事情，比如气候的变化、踏上山路后才知道山的实情等。登山中我们也会发现新的方法，遇上幸运的事情。所以，我们在整个登山过程中时常会有"发现"。

当遇到恶劣的天气时，我们可以停止前行，没必要步行在薄冰之上。我们知道登山中的各种"规则"。但是，一味地按照规则登山，并不能保证我们可以顺利地完成登山活动。不去发现新的情况，我们就不可能成功。在登山途中有了新发现，这对于我们下一次出门，必定会有很大的帮助。

我举一个例子。之前我在其他著作①中也论述过这个例子。某个刚入小学的孩子K君在学校一言不发，在家里却特爱说话。K君只要一走出家门，就什么也不说。对于这孩子，班主任毫不着急，每天耐心地守护着他。某一天，K君的同学带来了一只乌龟，放在教室里的鱼缸中，于是大家开始饲养起乌龟来。K君似乎非常喜欢这只乌龟，积极主动地喂食和照看。班主任发现，通常表情紧张的K君在饲养乌龟时，表情柔和自然。于是，班主任号召全班同学，齐心协力关爱这个小生命。

没想到，某一天早晨，班里的乌龟不见了。班主任带领同学们找遍了整个学校，还是没找到。K君突然大哭起来，大声叫道："乌龟没有了！"随后同学们发出了惊叹声："K君开口说话啦！"他们边拍手，边意外不已。自"乌龟事件"之后，K君在学校便能够自然地开口交流了。

在这个案例中，班主任采取的就是一种发现型的态度。作为老师，他与孩子们一起饲养乌龟。他不可能预测到饲养的结果。但是，老师非常重视"孩子们最喜欢的事"。他按照这个"常

---

① 河合隼雄，《孩子与学校》，1992年。

识"展开行动，找到了解决问题的线索。"饲养动物能给人们带来意想不到的结果"的常识也得到了验证。最重要的是，班主任毫不着急、耐心、温柔地守护儿童。有了这样的师生关系，老师与孩子之间发生了很多趣事，老师从中也有了新的发现。

我们是否可以直截了当地说，只要养动物就能解决缄默症儿童的问题呢？确实，有的老师为了培养孩子的情操，让孩子养动物。在这种情况下，老师通常是操作性地实施各种所谓的"法则"。重要的师生关系却变得格外淡漠。这样的事情屡见不鲜。

我始终运用"法则"这个词。老师作为个体，在与眼前某个同样是个体的孩子沟通时，必须考虑如何发挥个体的特性。我们应该把"重视个体"放在首要位置。同时，我们应当清晰地认识到个体之间存在差异。在发现事物的过程中，从所谓的"法则"中，我们或许能够得到启发。但是，一味地依照法则，我们的方式就很难被称为"发现型"。

在刚才的个案中，"乌龟不见"完全是突发事件。然而，这却成了K君开口说话的契机。如果我们只是按照法则预测，对预测结果感到满足的话，那么就不可能在突发事件中获得新发现。

如果那个孩子的班主任是个死板的班主任，那么他就会说："啊，乌龟不见了。下课后你自己去找找吧。"如果听到老师这样的指示，那么K君就会受到心灵伤害，错失开口说话的契机。重视"课堂教学"的老师的态度无疑也是正确的。

我们要对突发事件持有一种包容的心态。只有这样，我们才会有真正的发现。对于新发现，我们必须瞬间做出决定，采取行动。在找不到乌龟时，老师立刻决定跟大家一起去寻找。这种果断的态度非常重要。老师需要时刻做好处理突发事件的准备。

研究者的训练

为了研究临床教育学，研究者在某种程度上需要接受严格的训练。研究者必须让自己处于现象之中开展研究。虽说如此，我们也能猜测到其实这并不那么容易。即使处于现象中，研究者也必须清晰地认识到自己处于什么位置。即使和研究对象建立了期望中的良好人际关系，研究者也未必能够顺利地展开临床教育学研究。

一位老师对一个有拒学症的孩子说："你怎么可以不去学校？"老师对孩子热心说教，师生间似乎建立了"关系"。但是，从重视孩子的心灵的角度来看，这位老师只是站在儿童的内心世界之外，随性地说教而已。如果老师放弃说教，和蔼可亲地询问孩子"为什么不来学校"，那么她也只是为了寻找孩子不上学的原因。她还是站在孩子的心灵世界之外，在机械地应对情况，很难说是真正置身于现象之中。那么，我们该如何应对呢？

为了与某个人进行心灵沟通，我们需要接受专业训练。这种训练与艺术、体育等技能的训练没有差异，并非一朝一夕能够完成。我曾接受长时间的训练，掌握了各种方法。专业训练的内容不只是知识本身。我结合个人经验，将学到的知识转变成自己的东西，将自己置于现象之中。当遇到突发事件时，我会快速判断、采取行动。这一点与职业运动员非常相似。我从他们身上学到不少。职业运动员在遇到突发事件时，必须运用自身的肢体及时解决问题。否则，他便称不上是一名职业运动员。所以，临床教育学的研究者与职业运动员是极其相似的。

在以上提到的缄默症儿童K君情不自禁地发出声音后，全班同学欢呼雀跃，老师也兴奋不已。其实，K君也很有可能第二天就不来上学了（此个案中K君没有不来）。假如他真的第二天不来学校，老师就不得不思考，必定是自己遗漏了某些重要的细节，导致孩子不来学校。当老师意识到自己的问题与"好不容易开口说话了，怎么又不来了，真是无药可救的孩子"这种单纯的想法时，家人回应老师的态度也必定会不同。当老师意识到自身疏忽的地方时，他就与K君在心灵层面紧密地联结在了一起。带着这种觉察去家访，那么当家长说"这孩子说乌龟不见了，整整哭了一天"时，老师就会自然意识到，"对于孩子开口说话这件事，自己过于高兴，却忽视了孩子在乌龟消失后的悲伤情绪"。

与K君展开全面的人格上的沟通，是非常困难的事情。老师在高兴至极的同时，很有可能失去与孩子在心灵层面的联结。这就好像棒球选手发出了自己拿手的球，高兴至极之时忽视了防卫，又好像在音乐合奏现场，演奏家过于自我陶醉，而忽视了与周围演奏团队的配合。这样的例子实在太多。在认真思考教育的过程中，我们随时可以找到解决问题的关键点。这也是我强调老师需要不断提升自身的专业性的原因。

在此，我特地使用了"训练"一词，没有使用"学习""进修"这样的词，因为我想强调，训练并非只涉及运用大脑展开思考，还涉及运用自己的身体。研究者在接受训练时需要进入一种锻炼自身意志的心境。

你可能会立刻联想到日本的军队模式，或者是传统的体育队的古板训练模式。这种想法并不正确。我之前反复强调，即使对于通常所说的不好或错误的观点，我们也必须持有宽容的态度。我们要从多个视角，重新审视、探讨现行的价值观。高强度的训练是毫无意义的。在严格的身体训练中，心灵也需要得到滋养。

探险、发现、放不下

在此，我想介绍一个与说明临床教育学本质相关的个案。它来源于日本滋贺县小学老师井阪尚司先生的汇报[①]。在这位老师从教的小学所在的地区，每个家庭的下水道排水会流入琵琶湖。但是饮用水、农业用水同样来自琵琶湖。以思考环保为主题，该学校在全校范围内开展了如何有效利用家庭排水的研究课题。从一年级到六年级的每个班级都是一个整体。孩子们齐心协力，开始调查自家所在地区的排水问题。值得关注的是，不同年级的孩子共同展开了此项活动。一年级的孩子会兴奋地说："这里原来有小龙虾啊！"六年级的孩子会较为客观地思考"为什么这个地区会有小龙虾生存"。就像这样，年龄不同的孩子相互交流，共同完成了一个环境调查活动。

老师起初并没有生硬地说这次调查是"关于环境问题研究的污水调查"，而是让"探险、发现"主导整个活动。孩子们一听到"探险、发现"，就兴奋不已。探险活动与平时的课堂教学完全不同。这类活动没有正确的答案，也不要求每个孩子尽快地到达目的地。在探险活动中，孩子们能够发现各种各样的新鲜事物。即使是平时在课堂上无精打采的孩子，在探险活动中也有"超大发现"。

看到孩子们在调查，该地区的老人们也感到兴致盎然。他

---

① 井阪尚司，河合隼雄，"探险、发现、放不下"，《飞跃教室》，第42期，榆出版，1992年。

们告诉孩子们："过去在这一带,各家都会踩着石阶走向河流,开始每天的生活,洗菜、洗衣服……"老人们描述的景象对孩子们来说也是新的收获。孩子们惊异地发现,原来河流曾经那么干净。从井阪老师的描述中我们能够感受到,无论是大人还是孩子,对于探险活动,他们都感到兴奋与激动。

在各种"发现活动"中,孩子们自然萌发了"放不下心"的念头。为了防止环境受到污染,他们做了海报,建议父母平时不用合成洗涤剂。他们也会思考为何过去会有那么多萤火虫,该采用什么样的方法促进萤火虫的繁殖等。琵琶湖研究所的研究者对如此出色的活动给予了极大的支持。他们积极地回答孩子们提出的各种问题。关于环保,他们给了孩子们很多启发(这是我从琵琶湖研究所嘉田由起子博士那里得到的信息)。孩子们结束调查后,书写了报告。研究所的研究者帮助他们修改报告,最后将报告印刷成册。这是在真正帮助孩子们。

我们从孩子们的作文中也能看到"探险、发现"的成果。以下是从某个孩子的作文中选摘的部分:

在一个小水沟里有个螃蟹王国,王国里住着一只名叫蟹太的螃蟹。有一天,蟹太迷迷糊糊,正要午睡,突然电视里传来了天气预报的声音:"明天会流油水。根据地区不同,可能会降空罐。请大家注意安全。"

蟹太觉得不可能。明天流油水、降空罐的新闻在螃蟹王国传得沸沸扬扬。

可以看出，在"探险、发现"的活动中，孩子的内心变得越来越丰富了。这个孩子重视环保，同时没有忘记诙谐与幽默。背后支持孩子们的老师必定持有宽容的态度。

倘若详细描述"探险、发现"的活动，我们还能发现说不完的趣事。这项活动中包含了我所说的临床教育学的要素。正如活动名称"探险、发现"所示，这个活动具有"发现"的特点。所有成员都置身于这项活动之中。参与者除了研究者本人，还有当地的老人、其他研究者等。他们都积极主动地参与这项活动。从小学一年级到六年级，所有孩子都发挥自己的个性，出色地完成了调查任务。孩子们并没有把自己看作一个水资源的利用者。他们尝试从过去年代的人的角度、从小龙虾的角度出发，去思考问题。所有的切身体验，最终都成了他们的宝贵经验。

说到"探险、发现、放不下"，我们甚至可以认为，这就是临床教育学的重要标语。虽然听起来有些俏皮，但是其中包含了一种幽默感。工作在教育第一线的老师会面临各种各样的难题。缺乏幽默、思维死板、一本正经的老师完全就是一个失败的"教育者"。

第二章

文化与社会中的教育

我在前一章中曾提到，临床教育学的重点是关注每一个个体，而不是机械地管理整体。其出发点是重视眼前的每一个孩子。按理说，第二章应该以论述"个体"展开。起初，我就是以这样的思路，制定了本书的写作框架。我认为应该把有关文化的话题放在结尾。然而，我左思右想，还是觉得那样不妥当。在强调"个体"重要时，我们不得不考虑文化差异。

　　举个例子吧。如今在日本的学校里，我们经常可以看到"尊重个性""培养个性"的标语。但是在欧美国家，我们就很难看到。因为对他们来说，这些都是十分自然的事。与我同年代出生的人都知道，我们小时候根本没有这样的标语。跟过去相比，当今日本的教育发生了巨大变化。如今为了"培养孩子的个性"，在校长的命令下，学校全体师生统一朝着某个方向前进。因此，我们不得不考虑日本与欧美国家之间存在的文化差异。我们应该思考"个体""人际关系"的实质。

　　我将基于临床教育学的方法，借助个案和部分实践活动，具体探讨以上问题。

第一节　文化之病

"文化之病"这个说法是我提出的。关于其内涵，我将在后文中予以描述。除了在日本国内，我还有幸到欧美国家阐述这个主题，并得到了同仁的赞同。这个说法来自心理治疗的过程，涉及来访者个人所属的文化体系，隐含了改变文化的意识。

一个拒学症案例

众所周知，如今去不了学校的孩子越来越多。我在此不列举统计数据，想用案例来说明。以下是京都市教育委员会的临床心理咨询师酒井律子的个案[①]。

高一男生S君不去学校了。不仅如此，他还对母亲实施暴力。S君家中有四个人，父亲、母亲、自己和高三的姐姐。母亲

---

① 酒井律子，"拒学症与家庭的变化"，《心理疗法》，第19卷，第6期，1993年。

因为S君不去上学而感到特别烦恼，于是去了心理咨询室。S君本人说讨厌心理治疗，所以没有跟母亲一起来。于是，临床心理咨询师酒井老师与母亲开始了持续的咨询。母亲说这说那，语速超快，"大脑中的想法没有经过整理，毫无秩序，接连不断地涌现出来"。作为临床心理咨询师，酒井老师耐心聆听，以温柔的态度接待了这位母亲。

咨询师从母亲的话中得知，当S君踢打母亲时，父亲根本不会上前阻止。她只能在自家门口寻求邻居的帮助，甚至在阳台上大叫。母亲表示，自己"丝毫没有改变他的想法了"。但是，在母亲接受咨询期间，S君也好，父亲也罢，都渐渐地有了转变。这可以说是心理咨询的神奇之处。咨询到了第九次，母亲向酒井老师描述了父亲第一次大声责骂S君时的情况。之后，S君开始制作塑料模型，偶尔短时间外出闲逛。没想到，父亲对塑料模型也极有兴趣，于是S君就认真地教父亲制作模型。父子间的关系有了很大转变。

一旦父子间有了"交往"，争吵也就在所难免。S君与父亲发生口角后，父亲离家出走了。母亲在外寻找父亲，一夜未归。正是因为家庭成员间有如此痛苦的经历，成员间的关系才出现了真正意义上的转变。

随后，S君和家里的姐姐开始了亲密的对话。母亲也加入其中。姐姐曾说："我始终觉得自己出生在一个单亲家庭。"父亲的感冒越来越严重，接受了住院治疗，整个人一下子苍老了不少。父亲在家中被孤立了。姐姐对自己没能考上大学感到遗憾。S君感到自己对此有很大责任。S君边哭，边把这个事实告诉了班主任。他曾经说自己"一辈子都不会接受心理咨询"。虽说如此，最终，S君还是来到了心理咨询师的面前。

S君说，自己在母亲面前很难用语言表达，希望能参与心理咨询师与母亲的面谈。就这样，S君把自己的想法也用语言表达了出来。

一段时间以来，S君都没来心理咨询室，取而代之的是姐姐。姐姐坚持了很长一段时间，接受了心理咨询。就这样，整个家庭的成员都在整理内心的想法。后来，他们开始面临一个极为重要的"重建家园"的人生课题。事实上，S君已经不去上学了，整天在家待着，所以又来到了心理咨询室。因为父亲与自己的弟弟住得很近，所以每当遇到什么事，父亲总去麻烦自己的弟弟。在重建家园时，原本他们计划建造一栋楼，兄弟两家住在不同的楼层。但是，后来父亲一家的想法发生了变化。母亲觉得，"即使再穷，我也想和丈夫两个人，慢慢品尝我们自己的美味佳肴"。父亲一有事情就找弟弟的行事作风有了改变，母亲的愿望眼看也快要实现了。

当然，我省略了案例的很多细节。这个家庭的转变并非如此简单，在此期间还出现了很多问题。但是，我们从母亲的话中得知，"最近，无论家中遇到什么问题，四个人都会坐下来好好交流"。对于家里发生的事情，父亲也能够以积极的态度面对了。

就在这时，父亲得了重病，紧急入院。当时，S君和姐姐真正认同了家里缺不了父亲的事实。他们边哭边祈祷父亲早日康复。之后，父亲恢复了健康。在第三十八次面谈时，母亲告诉心理咨询师："我丈夫在手术后变化太大了，之前我一直觉得他是个绝对不会变的人。但他现在判若两人，真让人难以置信。"随后，整个家庭接二连三地遇到了许多好事。在改造房屋、搬入新家后，父亲更有父亲的样子了。S君去了就读的高中，上课从不迟到，也不缺席。姐姐也考上了理想的大学。

对于这个案例，临床心理咨询师酒井律子这样说道："S君并非预测到家庭会发生如此大的变化，才选择不去上学。但是，从结果来看，正是因为S君不上学，家中发生了很多事情，家庭成员间的关系才在短时间内发生了转变。"S君的拒学症确实成了整个事件的导火线。其实在整个过程中，可能导致家庭破裂的危机曾多次出现。但是，家庭成员间的关系最终朝着积极的方向发生了转变。从家庭外部来看，这个家庭似乎没有发生任何变化。对于家庭内部成员来说，某种化学反应确实发生了。心理咨询师作为一个容器，具有强大的接纳能力，存在的意义极大。

文化的阴影

在这个个案中，我们指责父亲如此软弱、绝不原谅对母亲施暴的孩子，是极其简单的。在此，我较为简单地讲述了这个个案。当我说是母子之间的亲密互动让父亲感到自己受到了忽视，父亲受兄弟影响过多，没能照顾好自己的家庭时，各位读者必定也有同样的感受吧！

事实上，母亲是想到了自己去世的父亲。她始终希望父亲能够站在自己身边，守护自己。遗憾的是，父亲去世了。父亲去世后，母亲只能自食其力，下定决心"要照顾好这个家庭"。通常，和母亲相比，女性与父亲的联结会更紧密，即使父亲不在人世。这在日本尤为常见。

关于"拒学症"的成因，一说是母亲的过度管制阻碍了孩子发展独立自主的能力。虽说如此，我们确实很难认定母亲很坏，一切都是母亲的责任。母亲的态度与父亲有密切关系。当我们从整体上思考拒学症时，我们会发现，它与日本文化的结构有共通之处。基于这样的理解，我们可以认为拒学症不属于个人问题，也不是家庭问题。它可以被看作包括有拒学症的人在内的日本文化和社会的问题。

任何一种文化都拥有完整的体系。为了让一种文化体系正常运作，我们通常把和其互不相容的事项排除在外。无论是什么样的文化，都存在阴影面。如果某种文化的背景环境安定，那么文化的阴影面就不太会构成问题。然而，当文化结构本身发生变化时，其阴影面就会被放大。另外，任何一种文化对其阴影面都有补偿的作用。这种作用一旦消失，问题就会出现。让我们回到S君的案例：在过去的大家族背景下，尽管父亲性格软弱，但是叔叔可以充当父亲的角色，而在如今的小家庭中，叔叔不能充当父亲的角色，于是父亲的软弱就被放大了。

教育体系也包含文化的阴影面。我认为，我们也可以从日本文化的阴影面的角度去探讨校园霸凌。它不是简单的"教育问题"。近年来，儿童群体中出现了很多阴暗凄惨的事件。当这些事件发生时，我们会立刻责备家长、孩子及学校工作人员，但是这解决不了实际问题。

我们不能只是被动等待文化结构发生改变，却对文化的阴影面没有任何反应。正如我之前所述，我们要针对具体问题，寻找解决方案。"解决问题"并不只是意味着让不想上学的孩子去上学。我们应该清楚地认识到，孩子希望自己能够去上学，家长也希望孩子能够去上学。我想重申的是，重视眼前的每一个个体，与个体沟通，寻找一种普遍规律，探究人和事物的整体性，是临床教育学的特征。

文化的“创造性疾病”

我在前面论述了文化的阴影面的概念。孩子不去上学这一现象，与其说是个人层面的病理现象，不如说是社会层面的“拒学症”现象。换言之，我们可以认为拒学症是属于某种文化体系中的个人患上了疾病。为了清楚地解释我所说的“文化之病”概念，我不得不以从个人层面出发的“创造性疾病”开始。

“创造性疾病”[①]（creative illness）是精神分析学家艾伦伯格最早提出的概念。艾伦伯格在研究弗洛伊德、荣格等人的传记时发现，他们这些富有创造性的人到了中年都患上了心病。然而，这种个人经历为他们的创造性工作打好了坚实的基础。因此，艾伦伯格将这类疾病称为“创造性疾病”，并归纳出以下几点：

所谓创造性疾病，是指个体极度沉迷于某个观念，或者长期追求某个真理，因此在某种程度上出现神经症，甚至多种精神疾病的症状。这些症状虽然不涉及生死，但对个体来说，都是非常痛苦的。个体在患病时，好与坏两种状态交替出现。个体可能前

---

① 艾伦伯格著，木村敏·中井久夫审译，《发现无意识》，弘文堂，1980年。

一秒还觉得神清气爽，下一秒却极度痛苦。

无论是家庭生活，还是社会生活，处于该时期的个体或许都能妥善安排。但是，他们过于关注自身。由孤独感带来的痛苦可以说是最明显的特征。即使身边有最佳的指引人或者理解自己的人，他们依然会感到孤独和痛苦。疗愈的标志是个体感到内心平静。他们深信自己的人格发生了永久性变化，自己找到了伟大的真理，进入了崭新的精神世界。在个体经受如此严酷的考验后，个体的自我浮现了。

艾伦伯格的想法完全基于创造性个体的个人体验。首先，创造性疾病不只是心灵上的疾病。身体疾病同样可以被归为创造性疾病。比如，作家夏目漱石曾经在著名的修善寺得了一场重病。身体疾病作为一个转折点，使他加深了对文学创作的理解，让他在之后写出了很多经典之作。因此，我们可以把他得的这场病看作一种创造性疾病。

此外，即使一个人不是特意"沉迷于某个观念""追求某个真理"，他们在潜意识中也会这样做。即使没有留下作品，没有创下丰功伟绩，我们也可以把生存本身看作一个创造的过程①。

---

① 可参考河合隼雄与小川洋子所著《生存本身即是创造个人的故事》。——译注

因此，患有创造性疾病的人并不是狭义层面的创造性人群。

以上所述是个人层面的"创造性疾病"。我认为，这个概念在文化层面同样存在。当某个文化结构面临转变时，它就患上了"创造性疾病"。其患者可以说是从属于该文化体系的所有人员的"代表"。

无论何种文化，它都有完整的体系。所谓"体系完整"，是指某种文化有各种有形或无形的规则来支撑其价值体系。但是，当我们一味地强调某种文化体系的完整性时，或者当我们知道各种文化体系存在不同规范的事实后，这种文化本身就会出现改变的倾向，文化中的消极侧面也会很快显露出来。换言之，文化体系会呈现一种"病态"。原本支持该文化体系的准则不得不被修改。这当然不是简单的操作。如果我们去仔细观察"文化之病"，那么我们会发现，它对文化体系起到了补偿作用，其中包含了创造的契机。

从这个角度出发，我们可以在某种程度上把如今常见的"拒学症"看作日本的"文化之病"。但是，我并不认为所有的拒学症都是文化之病。当某种现象开始流行时，很多人往往会轻易地套用某个观点去评论这种现象。显然，不可能所有个案都属于文化之病。但是，正如我刚才列举的个案那样，某些个案的确属于这种情况。把该个案作为文化之病的"典例"或许有些夸张。在大家庭的支持下，家庭内的问题得到了解决。但是，每个家庭成员的自主性都被压抑了。他们不得不以这样的方式生存。这就是所谓的"日本模式"。以家中儿子的"拒学症"为契机，在心理咨询师的帮助下，通过家庭成员的努力，家庭内部发生了改变。最终，父亲作为一家之长，承担了父亲应该承担的角色。家中四人有商有量，共同决定家庭的事。在日本，这样的家庭实属少见。

各种各样的文化之病

我以拒学症为例，阐述了文化之病的想法。基于文化之病的想法，我们知晓了文化本身具有弱点，也理解了文化自身包含各种契机。这就是文化之病的特征。因此，老师与心理咨询师不能完全脱离或排除文化结构，急于去处理眼前的现象，应当理解文化的含义，考虑眼前的孩子的能力和其所处的文化背景，积极地给予孩子帮助。即使眼前我们得到的是消极的信息，我们也不能认为它毫无价值，应当竭力从中寻找积极面。这也是文化之病的特征。

基于这样的思考，我们可以认为如今引起社会关注的拒学症、家庭暴力、校园霸凌等现象具有文化之病的特征。老师必须认识到这一点，再去处理眼前的问题。当上述现象引起社会关注时，大众通常会寻找对策。事实上，社会也有迫切制定解决问题的对策的需求。对此，工作在教育第一线的老师为了尽快解决问题，减少社会事件的发生，也会冲动地提出暂时的对策。在极端的情况下，学校会决定让长期不来上学的孩子退学。这样一来，学校中有拒学症的人的数量就会明显下降。

即使不会如此极端，校方也可能想尽一切办法，让拒学症孩子上学。为了减少学校霸凌现象，他们加强监管，把严打霸凌作为校内工作的重点。这样的处理方式往往会让校方远离问题的本质。此外，另一些人认为，因为文化与社会即将有所改变，所以问题孩子不需要心理咨询。我在前面提到，心理咨询师的目的并不只是让有拒学症的孩子去上学。他们的工作目标是陪伴问题孩子及其他人成长，竭尽全力做好幕后援助的角色。

不同的文化体系都有不同的文化之病。比如在美国，儿童性侵、毒品问题可以说是其文化之病。我在此省略相关论述。显然，美国文化并不能够成为日本文化的模范。美国也有美国的苦恼。当然，我并不想强调日本的文化有多么好，因为这无疑很荒唐、愚蠢。现代教育中存在的最大问题是老师很难用单纯的规范来鞭策自己。

说到文化之病，读者可能还有一个疑问。按理说，信奉某种文化的人都会患上文化之病。但是，为什么只有特定的人才会成为文化之病的"代表"呢？这是因为，人们通常很难意识到文化结构在转变。事实上，在个体接受某种文化体系的前提下，文化之病很少会显露出来。比如，继承传统家庭功能的家庭就不太可能出现文化之病。

但是，当个体在意识或潜意识层面出现转变时，他就很有可能患上文化之病。在意识层面认识到文化之病、边感受痛苦边努力寻找解决方案的人很难患上文化之病。反之，性格敏感、感受性强的人就很容易受其影响。当一个人对传统的文化体系持有极大的疑义时，即使他是一个能力很强的孩子，也很可能患上文化之病。一个毫无能力的弱者在感受到压力时也很容易呈现出病态。文化之病包含了各种要素。各要素分别起到了不同的作用。在探讨个案时，我们不能忽视文化之病。

第二节　日本的社会与教育

　　如果工作在教育第一线的人考虑我提到的上述背景，那么清楚地了解日本的文化与日本社会的特征就是理所当然的事。草率地用欧美国家得出的结论分析日本的现状未必能得到期待的结果。但是，我们也不能认为日本人就必须实施"日本式操作"。理解彼此间的差异，探讨今后如何选择更为合适的方法，这才是关键之处。直到现在，我们依然把欧美国家看作"先进国家"，紧跟欧美，超越欧美，始终把日本与欧美进行比较。今后，我们必须在世界范围内考虑文化的多样性。然而，我在此依然主要将欧美与日本进行比较，展开论述。

灾害与日本社会

最近发生了阪神大地震①。我想以此作为论述日本社会的特征的切入点。从世界范围来看，阪神大地震属于超级严重的灾难。然而，令外国人感到诧异的是，日本居然没有出现掠夺、暴动的现象。类似神户的现代大都市没有发生掠夺等事件，这可以说是奇迹。我周围的外国朋友对于这一点感到惊讶不已。

我们或许可以认为，这是外国友人对日本社会的赞赏。但是，有不少外国人对日本政府处理灾情的迟缓行为感到失望。1994年，美国洛杉矶发生地震时，时任总统的克林顿第二天就到达了地震现场。美国当时立刻决定投入1700万美元（当时折算约17亿日元）充当灾后心理援助的资金。众所周知，日本政府没有及时进行灾后处理。

我认为，日本灾后没有出现掠夺现象与政府没有及时进行灾后处理的根源完全是相同的。我的意思是，日本没有个体的存在。日本人与他人之间始终是难以明确区分的状态。更准确地说，日本人在无意识中形成了一种整体感。只有在这种整体感的

---

① 阪神大地震，又称神户大地震，是指1995年1月17日上午5时46分52秒（日本标准时间）发生在日本关西地方、规模为里氏7.3的地震灾害，因受灾范围以兵库县的神户市、淡路岛以及神户至大阪间的都市为主而得名。——译注

基础上，日本人才能展现自己。因此，我觉得即使是互不认识的日本人，他们之间也存在一种整体感。

类似于神户这样的现代都市已经很欧式了。大多数神户居民也不太可能知道自己家的周围都住了些什么人。然而，一旦发生危机，日本式的整体感就开始发挥作用。优先个人利益、掠夺的行为自然就会受到社会的阻止。外国友人在电视新闻中看到神户震灾的情景后感叹道："对于日本人来说，即使晚餐只有一个饭团，当地的受害者也不会大声地喊叫和感到愤慨，反而极有礼貌地在做该做的事。"不必多说，灾区人民的内心痛苦不堪。正是"整体的忍耐精神"和"心灵间的羁绊"阻止了人们当时的冲动行为。

我在此也试着考虑一下日本政府的立场。以下虽然只是我的推论，但是应该和实际情况差不多。政府人员的人际关系也是日本式的羁绊关系。即使遇到大震灾，首相也不可能像克林顿总统一样，立刻赶到震灾现场。他必须首先考虑应围绕哪些问题与谁商讨等，其中包括各种复杂的人际关系。时间就在这样的思索中流逝了。这也是日本政府各部门办事的实际情况。

日本式的羁绊关系存在较为独特的危险，即当一个人的行为不同于周围人的行为时，他就会被众人孤立。例如，即使某人获得了成功，他也会被周围人说成是"哗众取宠"的，他的行为也会被认为是"一个人独占名利"的行为。个人的这类行为往往以失败告终。所以，即使日本政府的迟缓反应被国外媒体攻击，日本人这个整体也都在忍耐。在众人齐心协力的情况下，个人无疑很难迅速采取行动。

在此，攻击日本政府、赞赏美国总统的出色行为极其简单。事实上，当我们给予日本首相和美国总统同等的权限时，日本国民或许会一致反对，认为这是非民主的行为。日本的民主主义与美国的民主主义存在很大的差异。正如我之前所述，我们很难说哪方好，哪方不好。在对个人决策力及领导力给予极高评价的美国社会，我们几乎不可能看到受灾人民安静地等待、忍耐且克制的行为。那我们究竟要如何理解彼此间的差异呢？在回答这个问题之前，我们首先要整理一下日本文化及社会的独有特征。

两种原理

以下我所论述的内容已经在其他媒体上发表过。重复之处，深表遗憾，请各位读者谅解。在此，我会介绍与教育有密切关系的个案。

我曾经留学瑞士。我听到过某幼儿园老师说，在瑞士，有的小学生会再次去读幼儿园。对此我深感诧异。当我说在日本绝对不会出现这样的现象时，这位老师反驳道："难道日本开展的教育不为孩子着想吗？"他所说的话再一次让我感到吃惊。由此，我意识到为人着想的教育有两种不同的形式。也就是说，在日本，即使成绩不好，一年级的孩子长大一岁，就自然升入了二年级。这就是日本式的为人着想的教育。然而在瑞士，学校会让成绩不好的孩子回到幼儿园。对瑞士人来说，这是一种为孩子着想的决策。通常在欧洲，很多小学都有留级制度。欧洲重视个体。对欧洲人而言，个体间存在差异是大前提。但是在日本，人们往往把孩子看作一个整体，设法保持个体间的平等，公平地对待个体。

我再介绍另一个个案。我曾以研究生的身份赴美留学。因为成绩优秀，我有幸被免去了昂贵的学费。后来，我问美国大学的老师："你们遇到经济困难的学生会给他减免学费吗？"美国老师回答我："如果没有钱，成绩又不好，那么他没有必要来大学学习。"我觉得他的回答确实很有道理，但是我的内心也有些许遗憾。在美国，没钱且成绩又不好的人没必要来上大学被视为常识。那么，日本大臣级别的人物如此发言会导致怎样的结局呢？日本媒体对政府迟缓的灾后处理方式给予了强烈的批判。可以想象，如果日本教育部长这样发言，那么他必定会受到日本各大媒体的强烈攻击。

为了梳理日本教育界发生的各种复杂问题，我提出了两种不同的原理，并把它们分别命名为父性原理与母性原理。其中，母性原理具有"包容"的功能。相反，父性原理则发挥了强烈的

"分割"作用。以下我会用表格形式展示。基于该表格，我将简单论述各原理的特征。

表2.1　母性原理与父性原理

各个面向	父性原理	母性原理
功能	分割	包容
目标	确立个人和个人成长	整体应变能力和维持整体平衡
人生观	肯定个体（能力）差异	绝对平等
序列	功能性排列	同等排列
人际关系	契约关系	一体感（整体感）
交流	语言	非语言
变化	基于进步产生的变化	基于重生产生的变化
责任	个人责任	整体责任
首领	领导者	调整者
时间	直线型	圆环型

父性原理最大的功能是分割。虽然强调分割，但是难以分割的个体本身也是父性原理中的重要元素。英语中表示个人的单词"individual"就是"难以区分"的意思。因此，父性原理特别强调个人成长，确立自我。与此相对，母性原理则强调包容和成员间的绝对平等。它以整体操作为前提。当失去平衡状态时，整体就会出现分离。所以，父性原理对个体间的差异是积极肯定的。

但是在基于母性原理的文化中，只要个体属于整体范围，这种文化就讲究彼此间的绝对平等。基于日本文化的母性原理，上述在美国人看来可取的表态行为，在日本人看来可能就不堪设想了。

在基于父性原理的文化中，社会理所当然地根据成员能力的强弱对其进行排序。在基于母性原理的文化中，虽然社会强调绝对平等，但考虑到整体的运作，也会对成员进行排序。然而，这种排序很少以个体能力的差异为依据。通常，社会会把个体的年龄、资历作为排序的标准，根据孰长孰幼、孰先孰后进行区分。可以说，这种区分犹如命运一般，不会改变。与此相对，如果我们按能力区分个体间的差异，比如运动能力、数学能力等，那么多样化的排序形式就可能出现。

说到人际关系，如果一种文化以父性原理为基础，那么在这种文化中以语言为媒介的契约型关系就尤为重要。母性原理则重视非语言、情感上的整体联结。重视整体感觉的人一般会排斥外部的各种关系。在以父性原理为基础的美国等国家，当班主任觉得班上某个孩子心理有问题时，他们通常会建议孩子本人与心理咨询师保持密切沟通，并不在乎自身的立场。但是，在基于母性原理的文化中，心理咨询师的存在很可能会破坏班主任与孩子之间的关系。

关于团队中的首领概念，母性原理与父性原理也存在明显差异。在父性原理主导的文化中，首领是一个团队的领导者，应该具有带领整个团队的统率力，也应该得到与此相匹配的权限。相反，在母性原理主导的文化中，首领的任务是保持团队的整体平衡。他不需要带领整体朝着某个方向前进。他起到了照料团队中的成员的作用。日本学校的校长对教育孩子的具体方法可能没有太多见解。但是，作为一校之长，在保持团队的整体平衡方面，他发挥了应有的作用。这就是母性原理主导的文化中的典型首领风范。

如果我们就父性原理与母性原理的差异展开比较，那么就会没完没了。所以，我们就此打住。各位读者务必发挥丰富的想象力，展开独特的思考。基于以上比较，我们显然可以得到这样的结果：与欧美国家相比，日本可以说是一个母性原理主导的国家。我在此没有机会论述其他国家。亚洲国家中可能有比日本更注重母性原理的国家。我之后也会论述，跟其他亚洲国家相比，日本逐渐开始接纳父性原理。虽说如此，日本社会仍然是母性原理独占优势的国家。当然，我这样的论述或许过于笼统。任何一个社会、一种文化，不应该、也不可能只是基于某一种原理形成的。即使某一种原理略显优势，它也必定得到了来自其他原理的补偿。两种原理巧妙地互补，可以说是某个社会的实情。在此，我们不得不认识到，毫无矛盾地将两种不同的原理整合成一种是不可能的事情。我们也应该知道，这两种原理没有优劣之分，各有长短，难分高低。

　　如果采用这两种原理去思考教育第一线的问题，那么我们或许会有新的认识。比如，在面对一名做出超出常规的行为的高中生时，有的老师会认为："既然他违反了校规，学校就理应让他退学。"持反对意见的老师会认为："让这样一名高中生退学，你们是真的站在孩子的立场吗？"这两种不同的观点分别基于父性原理和母性原理。他们无疑都认为自己的观点是正确的，对方则是错误的。事实上，我们可以说这两种观点都是正确的。我们应该以双方观点的差异为前提去探讨问题，寻找合适的方法，解决实际的问题。只有持有这样的态度，双方才能减少不必要的争论。我们很难只采用唯一的原理去思考眼前的问题。作为一名教育工作者，我们不得不时常采用"发现型"的视角。

　　我们也不能忽视将两种原理区别使用的人。一名领导力超强的校长或许会被学校的老师说成是一个非民主的校长（这种批判可能只会在母性社会中出现）。相反，一名很擅长照顾老师群体的校长可能会被人认为完全没有统率力。像这种肆意批判他人的教育工作者往往以正确的观点来批判身边的他人，自己却毫无作为地工作在教育第一线。自作聪明的老师往往会在很多场合中有上述倾向。不知道各位读者是否赞同我的观点。

母性社会的压力

日本属于母性社会。受到欧美文化的影响，在从父性原理中受益后，日本社会也试着接纳父性原理的准则。在此过程中，日本社会也出现了很多混乱。虽说如此，与欧美社会相比，日本社会依然保持着母性社会的特征，从中获得不少益处也是事实。比如，正是因为日本社会对于团体始终持有包容的态度，所以日本整体的教育水准在世界范围内都是极高的，是可以引以为豪的。此外，众所周知，日本城市相当安全，凶残的犯罪现象很少出现。这些都是母性社会的具体写照。我们不能忘记类似的母性社会的益处。我们也不能忘记母性社会对某些个体施加的特有压力。特别是，当某人特别喜好父性原理时，他承受的压力就更大了。

工作在教育第一线，我们必须注意到我刚才提到的排序方式。基于母性原理，原本这种先后优劣顺序是以年龄或者在团队中的时间长短来决定的。但是，在教育过程中纳入父性原理后，能力的强弱就成了排序的标准。学校往往根据学生的成绩统一排名。基于统考的结果，每位学员都获得了先后的名次。名次被赋予了绝对价值。我对此感到恐惧。

如果老师及家长起初就掌握了父性原理，那么他们对孩子的个性发展一定会有所认识，也不会如此看重孩子的名次。对于个体间存在的能力差异，确实正如我在之前所论述的，美国小学生也会再去读幼儿园。但是，这和日本常说的"掉队者"的形象有很大差别。因为美国的家长和老师清楚地认识到，每个个体的生存道路和想法是不同的。孩子毕竟是活生生的人。在日本，即使老师对整体排名产生疑义、不用分数排名，家长最想知道的仍然是"我的孩子在班里排第几名"。家长认为，只有名次才是衡量孩子成绩好坏的唯一标准。

如果谁都在意名次，那么判断能力本身这件事就非常困难了。因此，市场上出现了所谓的"客观"测定法。确实它也有优点。日本的孩子为了尽早找到"正确答案"，全身心地投入学习。但是，我们中有谁一开始就已经知道什么是人生的正确答案呢？当一个孩子真正开始思考自己的人生时，他就会对这个统一排名的游戏表现出强烈的反感，或者没有任何兴趣。有的孩子甚至对去学校完全失去兴趣。拒学症可以说是日本的"文化之病"。

在母性社会，"包容"的力量尤为强大。它让个体在某一范围内与周围保持一种整体感，而对范围之外"素不相识的陌生人"采取极其冷漠的态度。找到自己"所属的组织"，对日本人来说极其重要。个人为了维持组织中的身份，有时甚至会"抹杀自我"。在人际交往中，日本人勉强地和对方相处就是最好的例子。抹杀了自我，委屈的情感无疑会积压在内心，此时个体需要一个突破口。这就与校园霸凌产生了联系。行为任性、以自我为中心的人往往会成为被霸凌的对象。这类人在日本社会中实属少数。他们通常是依照父性原理的准则在社会上生存。

母性社会中的压力也会导致不可思议的现象出现。母性社会中的人都持有被害者意识。孩子们感受到父母及老师施加的压力，觉得自己是受害者。老师感受到教导主任、校长施加的压力，同样认为自己是受害者。以此类推，最后轮到日本的教育部。日本教育部的官员认为，他们承受了议院、媒体施加的压力，自身是受害者。我们不能如此简单地认为自己是被害者或加害者。我们应该思考，什么事情可以实行、如何更好地接纳父性原理等问题。只有这样去思考，我们才有可能真正找到解决问题的方案。只有如此不断地努力，日本的教育改革才可能有进展。

学校管理

学校管理也是临床教育学研究的对象。我们很有必要拿各种具体个案来探讨。至今，学校都被认为是"神圣的领域"。非教育工作者很难踏入这个领域。我由衷希望学校教育领域能够让研究者参与进来。在大学同样会发生类似的情况。为了日本学问的发展，我认为从临床教育学的视角出发来研究大学非常有必要。

　　美国的文化人类学者、斯坦福大学教授托马斯曾经对日本的高中进行了调查研究。他的研究成果[①]值得我们借鉴。托马斯教授于1974年至1975年选择了五所不同类型的日本高中，"对每个学校都展开了实证调查，其中包括六到八周进入高中教室听课、与高中老师面谈、实施问卷调查、分析结果"。我们应该认可托马斯教授与在校高中生一起上课，通过个人体验展开客观研究。日本高中对于运用这样的方法展开实地调查的外国研究者敞开了大门，对此我们也应该大加赞赏。

　　日本京都大学教育学部原计划让临床教育学专业的研究生长期去幼儿园调查，在与幼儿园孩子的玩耍中，观察幼儿的日常行为。但是，这些研究生出于就职的缘故，中途结束了研究，也没有取得相应的成果。我认为，今后实施类似的研究还是非常有必要的。以下见解都是我与教育第一线的老师互相探讨后获得的。

　　刚才提到的美国教授托马斯在其著作《日本的高中》中明确地阐述道："在日本高中，老师与学生的关系中、班会和各种文化娱乐活动中丝毫不存在美国式的民主。"（事实上，托马斯教授将日本与美国进行了公正的对比，他并没有完全否认日本的高中。）比如，托马斯以日本高中的体育活动为例，说明了日本的"前后辈"礼仪道德。在这样的活动中，母性原理中的"老资

---

　　① 托马斯著，友田泰正译，《日本的高中：成功与代价》，1988年。

格优先"的原则被保留了下来。团队中的成员必须听从教练的命令，展开严格的训练。这与美国个人优先主义主导的体育组织完全相反。托马斯教授在书中这样写道："美国占领军当时认为俱乐部活动是实施民主教育的最佳土壤。但是他们每次看到日本的运动组织，就不得不认为日本人辜负了美军的期待。日本的运动组织完全称不上是民主的。"二战后五十年，日本运动团队的模式稍微露出了转变的兆头。

以上是美国学者对于日本高中的观察及其个人的见解。相反，日本高中老师参观美国高中后表示，美国老师的会议完全是"非民主"的。有人会把校长制定的活动计划事先发到每位老师手中。随后，校长听取各位老师的意见。如果没有疑义，那么全校就顺利通过这份活动计划。会议前后不超过三十分钟。"所有事情都由校长个人决定，完全不民主，这太让人吃惊了。"日本老师惊讶不已。然而，这里存在一个很大的误解。日本老师所说的"民主主义"指的是日本式的会议模式，也就是大家一起商谈细节，等所有成员意见一致后，才做出最终决定。整个过程需要相当长的时间。与此相比，美国人通常考虑工作效率。人们给予信赖至深的校长权限，大家根据他的想法来行动。即使在操作中有疑义，美国人也会自由发言，互相讨论。有时候他们也会以少数服从多数的原则来解决问题。如果一件事的决定权在校长的权限范围之内，那么这件事就由校长决定。

　　托马斯教授对日本校长和美国校长也进行了对比。和众多美国校长一样，日本校长也寻求个人名声。日本校长最希望的是个人具有非凡的能力、旺盛的精力，得到周围人的尊重。与其说为工作献身，不如说他们尽量把矛盾之事化小。他们的目标是能够安心地迎接退休。我这样说虽然有些夸张，但是这正是基于母性原理和父性原理的差异得出的结论。

　　我在此简单列举了日本与美国在学校管理方面的差异。在与美国比较时，我们很有必要认识到日本是母性原理主导的国家。当有了这样的认识后，我们就要细致地考虑该如何去行动。比如，不少一线老师会感叹日本的教职工会议时间过长。如果直接将美国式的会议方式引进日本学校，那么日本老师必定会立刻表示，这是非民主的会议。事实上，改变现行的规则是十分艰辛与痛苦的。

第三节 "精神主义"的教育

日本在二战前的教育理念中贯穿着一种"精神主义"。到了二战后，日本的教育发生了变化。但是，关于在教育中必须锻炼孩子的"精神毅力"的想法没有改变。用不屈不挠的"精神毅力"克服迎考中的困难，用艰苦的体育训练锻炼强韧的"精神毅力"，这些想法至今仍存在。总之，日本人认为只要克服重重困难，就会得到赞赏。

我听到过这样一个故事。一位老师回忆起儿时物质稀少、艰苦生活的过去，对孩子们说道："我们当时每天分配到的大米只有大约0.4升！"没想到的是，孩子们居然回答："老师小时候吃了那么多大米啊！"老师顿时说不出话来。现在和过去完全不同了。老师有时也会对如何同现在的孩子沟通感到困惑。

物质与精神

精神是相对于物质而言的概念。只要精神充实，物质是否充裕都无所谓。这个道理通俗易懂。换言之，即使物质匮乏，精神也不能畏怯。物质与精神之间形成了这样的对应关系。自古以来，人们也都认为勤俭节约、重视精神是一种美德。但是，在当今社会，"勤俭节约"还能称得上是美德吗？如果日本国民整体勤俭节约，那么日本的经济必定萧条。

和现在相比，父母在过去物质匮乏的时代很容易教育孩子。在普通家庭中，父亲只要用收入养活整个家，他就称得上是一个称职的父亲。父亲偶尔买点糕点回来，逢年过节从外面带回来一些菜肴，这些都是孩子们所期待的。家庭中充满了强烈的整体感。但是最近，有的家长会为"要为孩子的生日派对准备什么东西"而困惑。正是因为我们平时吃上了美味的菜肴，所以逢年过节吃什么就很难有新意了。

在丰衣足食的年代，有人会感叹过去的美好岁月。一味谈论过去，我们永远不会有所改变。值得反思的是，日本人所说的"精神主义教育"其实是物质贫乏时代的产物。当今的社会物质丰富了。如何在丰衣足食的时代实施精神主义教育，日本人对此思考得太少。

某个高中生在家对父母实施暴力。父母痛苦不堪，不知如何是好。他们对孩子说道："你一出生，爸爸妈妈就把你需要的东西给你了。你还有什么不满足的？为什么还要让我们受这样的苦？"话语中传达了何等的无奈。然而，身为高中生的儿子却只说了一句："我们家有信仰的宗教吗？"他严肃地质问父母。这里所说的宗教信仰，并不是指相信某种特定的宗教。儿子的意思是，面对物质丰富的现代社会，我们家是否拥有可以与其对抗的精神文化。显然，过去流行的精神主义不足以与之对抗。

物质丰富是精神进步的产物。欧洲近代出现了科学与技术，形成了个体支配他人的精神。欧洲文化中的合理精神带来了欧洲今天的繁荣。日本也追随这种理念，从中受到了极大的恩惠。我们不能对欧洲的近代思想置之不理。即使我们如今重新启用日本传统的精神主义教育，也不可能获得预期的效果。如果支撑欧洲近代思想的基督教不传到日本，那么日本的问题或许会更加复杂。我认为，日本传统的精神主义教育已经无法满足如今物质丰富背景下国民对精神教育的需求。我觉得很有必要再探讨一下日本传统的精神主义的特征。

"简易修行"的教育模式

据说，美国人看到日本学校的孩子进行体育训练的场景会感到不可思议。我之前提到的托马斯教授在书中写到，在美国人看来，日本孩子参加体育训练是"为了体验痛苦"。但是，美国的孩子就不同了。他们参加体育训练是"为了寻求快乐"。即使刻苦拼命地训练，日本人也没有取得很好的成绩。当然，体育训练中少不了痛苦是东西方国家的共识。欧洲人认为，日本人的体育训练是在"经历没有任何意义的痛苦"。例如，在排球运动中，日本运动员会反反复复练习接球的动作。在美国人看来，这只是徒增压力，根本谈不上是什么训练。

再比如网球运动的训练。运动员必须在训练前管理好球场内的设备，随后才能拿起球、拍打球。事实上，运动员只有不断经历痛苦才能感受到运动的乐趣。托马斯教授同样认为，日本高中的课堂形式单调且枯燥乏味。但是日本高中生在忍耐力方面远远超过了美国高中生。

我想到了在日本传统技艺中的"简易修行"模式。日本人的顽强忍耐力应该是受到了"简易修行"的极大影响①。这种模式正是基于日本人的绝对平等的价值观，并不强调个体间存在的能力差异。无论是谁，只要懂得了"老规矩"，都能达到一定的水准。所以，日本人通常会认为行或不行只是个人"努力"的差异导致的结果。只要掌握技法，谁都可以成为大师级的人物。

---

① 熊仓功夫著，源了圆编，《规矩与日本文化》，"规矩的严密性与飘荡性：基于《南方录》中的规矩的特质"，创文社，1992年。

在日本人看来，无论是谁，都能出色地习得茶道、花道、舞蹈等传统技艺。我把这个最基本的学习模式称为"简易修行"。这种模式也促进了日本传统技艺的蓬勃发展。"简易修行"模式并不在乎表演者的个性。换言之，摧毁个性是它最大的弊端。

"简易修行"并不是完全忽略个性。掌握了传统的技法后，个体可能会获得自己的绝对美感。这也很好。比如，日本传统的技艺形式"能"。技艺工作者修炼到近六十岁时才能学会基本的手法。在此之后，他们才开始发挥出独特的个性。我认为，这种观念受到了佛教思想的影响。简易修行确实是一种出色的"教育法"。但是，硬将它套用到西方原创的事物上，显然就会出现问题。

以棒球为例，日本人在教授孩子学习欧洲的各类运动项目时，往往拘泥于各种传统的"老规矩"。对外国人来说，这不可思议。在国外，个体的个性不同是他们的出发点。美国职业棒球队完全打破了日本严格遵守"老规矩"的模式。然而，美国人的战绩却比日本人的战绩出色。

同样，孩子的学业多少也受到了简易修行模式的直接或间接影响。我们不能看漏这一点。我们常说，孩子学不好是因为他"努力不足"或"懒惰"。无能的孩子的人格也会被贴上负面的标签。简单言之，他是个"懒惰者"。基于这种评价观念，日本的孩子从整体来看都付出了极大努力。中小学学生的学习能力在世界范围内得到了极高的赞赏。所以，任何事情都有好坏两面。

在日本的小学课堂上，孩子进行"汉字学习""算数练习"的时间很长。可以说，这是"简易修行"的写照。只有努力反复训练，个体才能获得最后的成功。简易修行的最大特征无疑是"枯燥乏味"。然而，日本教育强调的正是培养孩子克服困难、忍耐枯燥乏味这一点。

"简易修行"模式的最大弊端是它完全抹杀了孩子的个性。创造力越强的孩子，就越难融入奉行"简易修行"模式的教育。因此，学校出现了"拒学症"现象。对于这些孩子来说，接受这种教育简直就是"痛苦的修行"。我们这些心理咨询师与拒学症孩子进行心理访谈时，非常能够理解他们的想法。

我的意思并不是说每天在学校认真上课、成绩优异的孩子都是缺乏创造力的孩子。很多创造力丰富的孩子在适应校内简易修行的教育时，也能发挥个人的创造力。优等生未必都是所谓的"优等生类型"。

老师与权威

关于师生关系，我想在之后的章节中详细论述。在此，我想先论述师生关系与日本文化的关联。首先，我不得不说日本社会消极理解了"权威"这个词。关于对某个词的理解与评价，美国人与日本人之间的差异尤为明显。比如，勇气属于褒义词、背叛属于贬义词，这在美国和日本两国之间没有差异。但是，对于"权威"的理解就不同了。英语单词"authority"在美国是褒义词，而在日本则属于贬义词。

在日本，权威容易与权力混同，不受大众欢迎。然而在美国，"authority"是指某人在某领域具有卓越的知识技能，让人自然联想到"值得信赖"。但是，在日本说到权威，人们立刻会联想到"被束缚"，个人自由被剥夺。日本和美国之间究竟为何会存在如此差异呢？

最初就倡导发扬个性的欧洲的教育模式，与倡导简易修行的日本的权威教育模式之间也存在差异。在奉行简易修行的教育模式中，个体必须绝对遵守"老规矩"。这是重要的准则。因为是绝对遵守，所以老师就是一个绝对缺乏个性的权威人士。服从老师这个权威，认同其教学法，一切都会平安无事。但是，如果个别孩子张扬自己的"个性"，那么我们只能认为作为绝对"权威"的老师此时会扮演一个个性的破坏者。

我认为，在校内严格规定孩子穿的裙子的长短、统一限定某种颜色的袜子，都是极其荒谬的事情。我们能够理解这一类限制的含义。因为只要严格遵守"老规矩"，无论哪个孩子都能成为一个好孩子。老师也拥有了绝对的权威。一切平安无事。日本人还在奉行极为传统的价值观。众多家长确实非常喜欢秩序严谨的学校。

但是，基于父性原理思考教育，这些都毫无意义。父性原理尊重每一个儿童的独特个性。如果老师希望自己获得权威地位，那么他应当获得孩子的绝对信赖，用丰富的知识和独特的技能与孩子打交道。老师必须不断地努力锻炼自己，让自身得到成长。与此相对，一味遵循"老规矩"的老师往往是在安逸地守护着个人权威，显然会把个人的想法强加于眼前的孩子。因此，当孩子摸透这类老师的"个性"后，就会发出猛烈的反击。

也有老师对父性原理的认识存在误解。他们认为，必须对孩子"严格要求"。他们会对孩子的服装吹毛求疵。他们认为只有威严才是真正的"父性原理"的体现。显然，我们能够判断出这是完全错误的理解。这类老师是恐怖的"母性原理"的体现者。关于两种原理的好坏，我在此姑且不提。作为老师，个体至少应熟知自身行为的意义。

我并不否定日本的教育。我也丝毫没有主张日本要采用美国的教育模式。美国高中存在暴力、吸毒等问题。这些问题的存在很难说明美国教育真正取得了成功。但是，当今日本社会吸收了很多欧美文化。如果我们只是一味地依赖日本的传统教育模式，那么很多问题确实会出现。也有人认为应该"把两者整合起来"。事实上，这种整合几乎不可能。

那么，我们究竟该如何处理呢？正如我之前所强调的，作为老师，个体必须熟知自身行为的意义。比如，在我刚才举的例子中，"即便认为自己具有父性的刚硬，实际上，那也不过是母性原理的具体体现"。再比如，如果我们极其重视让个体掌握日本的"老规矩"，那么除了孩子之外，老师本人也应该明确自身掌握到何种程度。我们也应该对"从老规矩中释放"有所了解。有了这些思考，再结合孩子的现状，老师本人应该清楚地知道自己该做什么了。

事实上，比起思考，采取实际行动是更加困难的。老师在无意识中受到了文化的影响，认为一个问题存在对应的"正确答案"。然而，如果站在不同立场，那么我们或许能够得到另一种"正确答案"。老师很有必要认识到这一点。

第三章

个性的教育

第一节　何谓个性

"发展孩子的个性"被认为是日本教育中的重要课题。我之前也强调，注重个体是临床教育学的方法论的核心。关于个体，我本人也有很大的兴趣。关注眼前每一个孩子的行为对于他们的个性发展会起到很大的作用。

但是，我在第二章中也提到，考虑个性本身并不容易。日本与欧美之间存在很大的差异。欧美社会把个人主义（individualism）看作个性发展的基础。然而，一个人以个人主义的方式在日本生存，是十分困难的。日本很少有人能够把握好为了实行个人主义必须采纳的父性原理。欧美社会的个人主义在日本会被误解为自私的"利己主义"。因此，我们必须认识到探讨个性问题不是那么简单的事情。

独特性与普遍性

何谓个性？这个问题通常令人困惑。当我们说某人个性出众时，我们一般用的是什么评判标准呢？比如，某中学规定孩子必须统一穿白袜子。然而，有个孩子穿了红袜子。再比如，音乐课上所有孩子齐声合唱，却有一个孩子在阅读漫画。我们能说这些孩子是有个性的吗？老师每天都与孩子打交道。他们显然不可能说这些孩子是有个性的，有的甚至认为他们是"令人讨厌的坏孩子"。

社会是由各种人构成的组织。组织中的个人不得不遵守社会规则。为了让孩子认识到社会有规则，学校制定了校规。孩子只有在遵守校规的前提下，才能谈论他的个性。也就是说，孩子先要遵守一般性的规则，然后才能展现其独特性。这真是再自然不过的事了。老师通常喜爱教学，会热心地"教授"孩子遵守校规，却忽略了孩子个性发展的重要基础。

个体必须在遵守普遍原则的基础上才能体现自己的独特性。独特性是相对于个性而言的概念。值得注意的是，个体并不是在完全掌握了一般的规则后才形成了个性。个性是个体承受冲突与接受历练后的产物。

我曾经采访过各个行业中的创造性人才，有幸让他们讲述了儿时的故事①。坦率地说，我采访的十人在儿时都不是"好孩子"。他们甚至可以说是"问题儿童"。他们中有拒绝上学、自杀未遂的，有没有朋友孤独至极的，也有私自闯入电影院的、偷窃东西的。我一边聆听，一边深切地感受到他们都是在与很多社会规则的对抗中形成各自的独特个性的。

如此一说，大家可能会认为他们属于"特殊人群"，"常人"并不能这样。但是，事实上，每一个个体都不同于他人，都有个性。换言之，世界上不存在什么"普通人"。我之前也阐述过，无论什么人，在人生旅途中都会发挥"创造性"。

我们可以想象老师在对待孩子的个性问题时会遇到多大的困难。老师确实可以教授具有普遍性的规则。但是，他们无法教授独特性。老师只能慢慢等待孩子表现出独特性。当个体显露出独特性时，他通常会与一般的规则发生冲突。只喜欢教授知识的老师自然就会摘下孩子个性发展的嫩芽。这是非常恐怖的事情。那老师究竟应该如何作为呢？我想通过具体的个案来回答这个问题。

自我的形成

在欧洲，个性与自我的形成有着密切的关系。在近代社会，

---

① 河合隼雄，《当你还是一个孩子》，榆出版，1991年。

"确立自我"在欧洲人的人格形成中被认为是极其重要的。人们意识到自己与他人是不同的存在，逐渐形成了既具有主体性、又包含整体性的个性。然而，在近代之前的很长一段时间里，欧洲人注重自身与神的关系。在基督教中，为了拥有唯一的人格之神，个体形成了独立的个人与神结合的个体形象。渐渐地，人们学会了用自然科学来武装自己，淡化了人与神之间的关系，开始强调人具有主体性和整体性。也就是说，从以神为中心的理念转变为以人为中心的理念，以一切按照神的指示执行转变为尊重个人的自由意识及主体性。欧洲近代发生了如此的转变。

确立自我的基础是独立。独立与依赖是相反的概念。因此，孩子为了确立自我，起先会与依赖的对象分离。渐渐地，他们必须从与父母的关系中独立出来。在独立的过程中，孩子会形成独特的个性。这是欧洲近代出现的观点。按照这种观点，如今的日本人似乎很难说处于一种独立状态，依然没有确立自我。现今的日本年轻人可能不太知道，二战后在日本驻扎的军事领袖麦克阿瑟离开日本时说，日本人的精神年龄只有十二岁。可以说，在当今的日本，这种说法依然适用。也有的欧洲人会说，何止缺乏"个性"，日本人连"自我"都没有。

对我来说，这是一个大课题。我曾经在很多场合中论述过个人的观点。在此，请各位回想一下本书第二章的观点。在日本社会，母性原理占优势。日本人特别注重个体与整体的平衡感。只有找到了这种感觉，日本人才能形成个人的自我。然而，欧美社会是在区分自我与他人的前提下确立自我的。他们随后再形成整体间的关系。事实上，日本人和欧美人的顺序是完全相反的。然而，欧美人不理解这种差异。因此，他们自然认为，"日本人一开始就没有主见，毫无自己的想法"。

如此探讨，问题似乎变得复杂起来。我其实想强调两点。第一点，虽然我能够理解如今的日本在渐渐地朝欧美的模式转变，但是我们不能说日本一定要以欧美模式为模板。第二点，不考虑日本和欧美的差异，直接拿欧美理论去思考、解决日本社会的问题，比如儿童确立自我的问题，确实也有一定帮助。

我想在此先阐述第二点。日本所有的学问都来源于国外。教育学也好，心理学也罢，都是借用国外的理论。我本人也深受其惠。比如说，我之前提到的儿童确立自我的成长阶段的研究成果、师生关系的研究成果都来源于欧美。这些研究成果对日本社会确实很有帮助。但是，想把这些研究成果完全用于日本社会，那就比较困难了。我之所以拘泥于欧美与日本的文化差异的探讨，是因为当我实际接触到日本人的困惑、生活中的烦恼后，我深切感受到，欧美理论是很难被直接套用到日本人身上的。

在了解欧美社会的实情后，我们也知道，他们也存在很多问题。因此，我们并不能直接以欧美模式为模板。一方面，我们应该积极努力地吸收欧美理念。另一方面，我们也应该认识到欧美理念并不是完美无缺的。

老师必须具备相应的知识，比如儿童成长发展阶段的相关知识。但是，这些知识毕竟是借来之物。老师往往依照欧美的理论框架实践操作，不知不觉中，极其自然地将这些理念本土化。但是，我认为我们很有必要对实践国外理念的意义展开全面的探讨。

自我形成的过程确实重要。但是，个体究竟会形成一个怎样的"自我"呢？有人认为，尽管有的孩子安于形成日本式的自我，但是孩子在形成自我的过程中仍需要父性原理的支撑。那么，老师自身又有怎样的自我呢？这个问题也是老师自身必须思考的。工作在教育第一线，没有单纯的模式可以直接套用，这或许会让老师感到苦恼。老师要认识到事物的多样性，并竭力将其运用到实际的教育现场。如今的老师实在不好当。

人生发展阶段的特征

孩子逐渐长大成人。在此过程中，我们可以发现较为清晰的人生各个阶段的特征。学校通常分为幼儿园、小学、中学、高中。这在发展心理学的领域已经有相当丰富的研究成果，在此姑且不提。我只想围绕自我发展阐述个人的意见。

这已经是很久以前的事了。在某个幼儿园老师对孩子们讲述了《杰克与豆树》的故事后，孩子们自由地画起画来。最后交上来的约有三十幅作品。我看过这些作品。大多数孩子都是在画纸的中央画了一颗顶天立地的豆树，然后在树上画上了慢慢往上爬的杰克，这令我印象深刻。儿童到了六岁时开始自食其力，做自己能做的事，包括脱离母亲与家庭，学习新知识。也就是说，这个年龄的孩子是在逐渐形成一个自我。在绘画作品中，"在顶天立地的豆树上缓慢爬行的杰克"这个画面就是自我形成的具体表现。杰克最终与身材魁梧的男人展开了斗争。作品里植物的生长也说明这个年龄段的孩子正处于自我成长的发展阶段[1]。

当老师了解个体发展阶段的特征后，他们或许就不会给孩子过多的指导性语句，比如，"你的这棵树，不应该画在这里啊，画在中央就更好了""那是和大男人战斗了一场啊"。相反，老师会用钦佩的眼神去守望眼前的孩子。同时，他们也会思考那些把豆树画在画纸角落或是画在不同位置的孩子的自我形成的过程。

众所周知，青春期是自我意识十分强烈的发展阶段。我会在之后予以阐述。很少有人关注到，一般孩子到了十岁就开始了体验自我。他们感受到自我与他人是不同的。在此之前，孩子通常与家人或伙伴保持着整体关系。但是，一旦遇到某个契机，他们就开始与他人分开，意识到自己是不同于他人的唯一存在。这个转变对本人来说，确实会伴随不安与孤独。比如，他们会开始害

---

① 河合隼雄，《荣格心理学入门》，培风馆，1967年。

怕晚上一个人睡觉、不敢随便和伙伴出门玩耍、突然变得沉默寡言等。有时他们甚至会出现抽搐症等神经性疾病。然而，如果老师与父母理解这些现象背后的含义，温柔地守护孩子，那么他们也能够跨越青春期这个特殊的发展阶段。

老师对自我发展阶段的特征的理解会影响他们对待青春期孩子的方式。当孩子出现问题时，老师把问题看作"成长过程中出现的必要的混乱"，或者认为"这个孩子变坏了"，这两者导致的结果显然不同。即便是理解青春期孩子的老师也未必对十岁孩子在体验自我过程中出现的不安与孤独有所了解。青春期孩子的交友范围会发生变化，行为模式也会有所改变。对此，周围的成人应当理解与认可。

我不得不强调，我们不能被这些自我发展阶段的特征完全束缚。我们会对那些对发展阶段的特征一无所知的老师感到困惑。相反，完全被这些理念束缚的老师同样会令我们头疼。因为他们会把这些特征当作绝对正确的事实去指导孩子，并因此阻止了孩子的个性发展。他们极其自然地认为，每个孩子都是一样的，会在同一条起跑线上奔跑。

为了摆脱观念上的束缚，老师应该在掌握发展阶段知识的基础上，区分不同的情况，关注眼前的每一个孩子。围绕培养孩子的个性问题，我曾经与不少活跃于教育第一线的老师（其中不乏具有独特思维的老师）进行过交流。有位名叫吉泉和宪的老师说，"我深深领悟到老师不应该被发展阶段的理念束缚的道理"。这令我印象深刻[①]。吉泉老师以校内某年级的165名孩子为对象，举办了独特的大合唱活动，取得了极大的成功。令人拍手叫好的是，吉泉老师并没有强调所有成员统一高歌的日本式大合唱。老师在班级中注视每个儿童，发现每个儿童的特点，个性不同的孩子聚集在一起，这自然就变成了一种独特的大合唱。

正因为有了这样的老师，年级间的沟通障碍被打破了。六年级孩子参观了一年级孩子的教室，展开了跨年级间的交流。大合唱活动结束后，"一年级孩子也唱起了六年级的曲目"。这正是一个不拘泥于发展阶段特征的实例。

通常，当老师拘泥于发展阶段的特征时，他们就会看漏"孩子的闪光点"，也会毫无区别地对待眼前的每一个孩子。更令人担心的是，他们甚至会非常机械地操纵身边的孩子。

吉泉老师曾说："我每天都有惊险刺激的感觉。教室里充满了紧张的气氛。孩子们活动的范围越大越广，就越能展现内心的童趣。这同样适用于那些大人难以操纵的孩子。发现孩子的个性特点，正是教育中的重要课题啊！"我深深地感受到，往往个性强的老师的学生也都熠熠生辉。

---

① 吉泉和宪，河合隼雄，"演奏出和谐乐曲的毕业相册"，《会飞的教室》，第44期，1992年。

第二节　个性与班级管理

现代人过多强调"能力""效率"，导致事情本末倒置。一味考虑高效率、好结果，做事本身的乐趣就会大大减少。为了教学获得成果，老师聚集了所有孩子，在短时间内让他们思考学习。这完全破坏了每个孩子的个性发展。当然，只强调个性解决不了实际问题。因此，老师在提高整个班级的课堂效率时，也应该时常思考每个孩子的个性问题。下面我将通过个案，发表个人见解。

设法重视每一个个体

为了让课堂教学有效果，老师需要不断努力尝试各种教学法。老师也必须设法去认可作为个体的每一个孩子。

日本兵库县有一所名为"生野学园"的普通高中。它是一所以拒学症儿童为对象开设的学校。我曾经有机会与村山实校长进行交流。该学校颁发两种不同的毕业证书给孩子，可谓是学校各种特色中的一种①。校长颁发的毕业证书极其普通，与其他学校的毕业证书没有区别。还有一张学园长颁发的毕业证书，别具新意。"这张证书的纸张价格要远高于传统的毕业证书，且加有金框。收到证书的孩子特别高兴。"园长这样描述。那么，上面究竟写了什么内容呢？在此我简单介绍②。

"你学习科学知识，对宇宙、宗教、思想、社会等各个领域展开独特的思考。你滑雪的姿态也给我留下了很深的印象。"（男性）

"你参加诗歌、绘画、小品活动，一步步拓展了自我。你独特的着装风格给周围的每个人都带来了快乐。"（女性）

"你从入学起始终坚持去美术学校的梦想。矫健的体操姿态十分迷人。"（女性）

"你在乐曲演奏、电脑、探险队等各社团活动中，与每一名成员齐心协力，完成了各项任务。"（男性）

我列举了以上四个例子。生野学园宇都宫诚园长就这些独特的毕业证书解释道："这份学园长颁发的毕业证书与学校校长颁发的毕业证书是不一样的。一般的毕业证书是在高中普通学科毕

①　村山实，河合隼雄，"工作人员与儿童及家长共同扶持的第二故乡"，《会飞的教室》，第49期，1994年。

②　《生野学园创立三周年的轨迹与地平线》，生野学园图书出版局，1992年。

业后得到的一个证明。但是，在生野学园的三年里，每个学员都有不同的经历。他们获得的毕业证书是对他们各自的努力给予的书面赞赏。"我通读了写在那些独特的毕业证书上的句子。每个孩子个性不同，园长给他们写的话也不同。我在阅读时，眼前浮现出了"积极克服文化之病的每一位高中生的形象"。

同样阅读了这些毕业证书的小学六年级、初高中三年级的班主任也说道："除了学校统一的毕业证书外，如果班主任也能颁给每个孩子一份毕业证书，那就更好了。"一想到孩子毕业十年后再拿起这份毕业证书，班主任就会更加密切地关注自己的孩子。不够关心孩子，班主任就很难捕捉到每个孩子的个性。老师需要付出极大的精力与体力。

老师要设法认可眼前的每一个孩子。我再介绍一个案例。这个案例是日本京都市某小学岸本晃老师分享的[①]。岸本老师曾经作为研究员，来到我奉职的京都大学学习了一年。期间，他时常对我讲述各种奇特的想法，比如"三分钟生日派对"的想法。当班级中某个孩子过生日时，其他孩子会在黑板上画上蛋糕，也会画上几支蜡烛。班长会对全班说："今天是××同学的生日。"之后放音乐，一起唱生日歌。最后，那位过生日的孩子用黑板擦

---

① 岸本晃，河合隼雄，"老师通信手册"，《会飞的教室》，第41期，1992年。

把黑板上的蜡烛熄灭。

每个人每年都会过生日，成为这一天的主角。虽说如此，每年都办盛大的生日派对并不实际。无论采用什么庆祝方式，我们都要想到这种方式究竟能够持续多久。我觉得，"三分钟生日派对"是一个好主意。

之后，岸本老师的这个主意渐渐得到了全校的认可，类似的活动在全校范围内陆续开展起来。校内还出现了"祝贺生日的黑板"。所有过生日的教职员工和孩子的名字会被写在黑板上。

"令人高兴的是，老师们都坐立不安起来。在某个班主任生日的当天，他曾经教过的孩子会来祝贺。平时难伺候的老师到了这一天也会不知不觉地露出笑脸。连班级中不声不响的孩子都会静静地等待。他们是在期待黑板上的生日名单吧。平时急急忙忙来上学的孩子在生日当天一大早就会来学校。老师们也是很早就到了。"

在这项活动中，我们能感受到，一块黑板让整个学校变得温暖，人际关系越来越融洽。

有的老师立刻会说"怎么这么麻烦"。也有人会强调，那完全是"工作时间之外的事"。工作时间内付出劳力极少，获得报酬很高。这或许就是所谓的提高人生"效率"。这种人完全不知道什么是"心灵经济学"。

比如说，为了开展"三分钟生日派对"，老师需要花费精力在黑板上画上蛋糕。孩子们看到蛋糕露出了喜悦的表情，齐声唱起生日歌。老师看到快乐的孩子们，也会获得很大的能量。每一个孩子都是不一样的。关注每一个孩子，老师确实需要付出很大的精力。但是，老师同样能从孩子身上获得相应的回报。这种回报会激发老师的潜力。只要得体地运用人的心灵，个体必定会获得相应的回报。这正是"心灵经济学"的奇妙之处。

我是谁

我曾经在小学语文教材中写过一篇名为《我是谁》的文章。基于之前阐述的"自我形成"的概念，我在文章中写到孩子们开始意识到自我，感受到"自身与他人的不同"等内容。写了这篇文章后，我本人也感到害怕。我害怕的是，对于小学生而言，这篇文章是不是太难了？事实上，这篇文章得到了两种不同的评价。有的老师感叹，"在小学课堂里教授自我形成太难了"。相反，也有孩子表示，"在语文教材中，我最喜欢这篇文章"。

关于这些评价，我们姑且不谈。在此，我想到了京都市某小学的西寺美登里老师曾让班里每个孩子制作一本主题是"我是谁"的相册①。说是相册，其实只是把画纸一折为二，随后再重

---

① 作为京都市教委心理咨询工作的工作者，我始终参与一线老师的实践报告进修会。学校教育中的各种活动令我受益匪浅。本案例由该进修会提供。

叠制成的简易小册子。这样做经济实惠。每个月一张画纸，到整个学期结束，合计二十四页的相册就完成了。我对于中小学老师的这种创意钦佩不已。这项活动的优点在于，既经济实惠，又没有给孩子过多负担，谁都能实践。

在这本相册的首页，有一栏名为"你出生时"，需要父母回忆孩子出生时的情景。出乎意料的是，很多家长没有把孩子出生时的情景告诉过他们，不少孩子知道后都会被父母的语言打动。通过这本相册，老师、家长之间的对话变得丰富起来。当然，尝试制作相册的老师的内心也有许多不安，比如如果哪位母亲什么也不写怎么办，单亲家庭中的父亲会如何处理等。

在做"好事"时，我们很有必要事先考虑其相反的一面。如果老师自己认为是"好事"，为此欢呼雀跃，那么孩子很可能会带着"没有写任何文字的相册"而来。如果老师不考虑孩子的具体情况，那么他就会说"你早点写好交上来吧"。有的甚至说："你看看某某小朋友的，按他的样子写好交上来。"原本计划"重视个人"，结果却损害了孩子的个性。老师（也包括我）往往喜欢做"好事"。但是在做这些"好事"之前，我们不得不思考其背后究竟有多少"坏事"。

老师在相册本上贴上了每个孩子的照片。这些照片都是西寺老师拍摄的。大多数孩子都露出了生动的表情，我们从中能感受到良好的师生关系。但是也有例外。有的孩子扭过脸来，不想理人，有的皱着眉头，对拍照感到反感。此外，面对相机镜头，有的孩子自我意识超强，有的则不能接受自己。对于个别"另类"的孩子，西寺老师完全没有强加个人的想法。这一点非常重要。

在这本相册的某一页上，我看到孩子的照片贴在中央，四周写满了班里同学对他的评语，比如"你的算数真不错啊""你对大家太温柔啦"等。在阅读了同学的评语后，孩子本人自然能从中找到"我是谁"的答案，宛如聆听了一首合奏曲。

起初对制作相册反感的孩子在阅读了班级同学的评语后，被其中的文字打动，一下子热情起来，拍照时的表情也发生了变化。就这样，班里每个孩子都各自发现了不同于他人的自我。老师和家长都感受到了孩子的不同个性，感动不已。在相册中还有一栏是"名字的由来"。父母必须写上为孩子起名的缘由。孩子可以从中了解到父母当时的想法及用心之处。在制作了这本相册后，老师和家长之间的交流更顺畅了。

这项实践活动还有后续。受西寺老师的启发，两名小学一年级的班主任大林久荣、田野弘美也想到让一年级孩子制作一本"记忆相册"[①]。当然，一年级孩子不需要记录"我是谁"，因为这确实有难度。但是，低年级的孩子同样能够把父母说的"出生时的情景""名字的由来"等个人的信息传达给周围的同学。

---

① 84页注释中提到的由进修会提供的案例。

每个月，校内都会举行活动。以这些活动为题材，一年级孩子制作了"记忆相册"。

我在此省略详细内容。最令我赞叹的是，一个实践活动衍生出另一个活动。在看到高年级孩子发布"我是谁"相册后，在场的低年级孩子不会认为，"这是六年级孩子的事，跟我们没关系"。他们同样会思考，如何将这些想法运用到自己身上。我之后也会论述，其实一个案例并不只是一个单纯的例子。听众有心。他们在听的时候，脑海中会浮现各种新思路。两者之间的关系宛如音乐中的主旋律与变奏曲。

孩子们无疑对相册爱不释手。通过制作相册，他们亲身体验到"我是独特的存在"。几年后，这本相册或许会支持孩子的"自我存在"。

孩子的"宝贝"

主人公经历千辛万苦寻找宝贝的"寻宝探险"故事通常受到孩子的喜爱。英国小说家罗伯特·史蒂文森创作的长篇小说《金银岛》就是一部代表作。每个人都拥有自己的"宝贝"，这就是个性。孩子们喜欢寻宝故事也是理所当然的事。

我之前介绍过"生野学园"，它是以有拒学症的高中生为对象开设的学校。这所学校的前身是名为"京口斯克拉"的儿童福利机构。在创办该机构的精神科医生森下一先生的报告中有这样的记述①："拒学症的孩子们来这里学习。他们在无规则、没人管的环境下自由地生活。在这样的环境中，孩子们自导自演了话剧《天使与玉石》。"

我简单地介绍一下故事情节。主人公小澈酷爱学习。然而，当他成为班里第一名后，他的心情却糟糕起来。小澈不经意间发现自己的手中有两块灰色的石头。灰色石头使他痛苦不堪，去不了学校。两位天使来到小澈身边救他。小澈说，如果手上没有石头，那么我就更自由了。天使听了感到诧异，反问道："这难道不是漂亮的玉石吗？"小澈与天使发生了口角。刹那间，小澈意识到手中的玉石发出了闪耀的光芒。"多么明亮的光芒啊！温柔的绿色。这就是我的石头！这正是我的内心！"小澈决定好好爱护这两块石头，好好地生活下去。

起初我说这个寻宝故事有点独特，是因为故事中所谓的"宝贝"并不是主人公想去寻找的。确切地说，它是危险之物，但是最终变成了一个宝贝。那块玉石有很多含义。我们也可以把孩子们的拒学现象看作一块玉石。即便孩子自己认为上不了学是危险的、可怕的，他也能从中领悟到更深层的含义。就这样，初二年级的孩子制作了这个话剧，从中发现了各自不同的个性。

---

① 同86页注释。

我想再介绍一个"寻宝"的案例。这个案例来自京都某小学的福井景子老师的报告[①]。近年来，校园霸凌成了社会关注的问题。然而，在进修会上，福井老师没有直接提到校园霸凌现象。她强调如果班级同学间形成温暖和睦的人际关系，那么校园霸凌的现象就可能减少。福井老师提出让孩子们互相寻找班里同学的优点，随后再沟通交流。于是，福井老师在班级中策划了以下活动。

作为学校活动的一环，这所小学的五年级孩子必须去名为"兔子之家"的机构体验集体生活。每个班的每个同学都有明确的任务。他们自己做饭，共同生活，展开一系列的校外学习。结合这项活动，福井老师提议让孩子们在"兔子之家"寻找宝贝。

在活动之前，福井老师跟孩子们说明了情况：大家即将去"兔子之家"集体住宿。在那里，大家不需要像平时一样学习，但是大家要一起生活。她特别强调，"你在兔子之家，一定能找到至今为止你完全不知道的同学的独特地方"。在校内，无论如何，所有人的目光都会聚焦在成绩优秀的孩子身上。但是在"兔子之家"就不同了。孩子们会发现同班同学的各种优点。福井老师请同学们在活动中务必留意对方的长处。

"兔子之家"体验活动结束后，同学们回到了班级。福井

---

① 同86页注释。

老师让每位同学都把在"兔子之家"发现的同学的长处记录在学生名单上。有的孩子立刻动笔,有的则要思考半天。因为写的是对"兔子之家"体验活动的感受,所以每个同学的评语都有其特色,并非千篇一律。

之后,福井老师给班里每一个同学都发了一张彩色画纸。她准备了各种不同颜色的画纸。每个同学手上的画纸的颜色都不同。老师如此周到的准备的背后,是她考虑到每一个孩子都拥有独特的个性。为了避免互相争夺,福井老师让孩子们各自选择自己喜欢的颜色,写上名字,随后按顺序把剩下的画纸递交给旁边的同学。就这样,孩子们把看到的同学的优点按顺序写在了画纸上。整个过程结束后,每个同学都在大家面前说了个人的想法。这就是"兔子之家"活动中的"宝贝"。

令福井老师高兴的是,平时在班级中孤独内向的孩子、被伙伴排斥的孩子在听了同学的感想后,都露出了喜悦的笑容。当然,写评语的孩子本人也很高兴。整个班级的人际关系得到了极大的改善。老师平时会特别在意不合群的孩子、基础薄弱、运动能力差的孩子的成长。在这次活动中,班里的同学也都给予了他们温暖的目光和极好的评价,比如"他淘米淘得特别起劲儿""他熟睡的样子特别可爱""那个男孩混在女孩中,开心地和大家一起打了羽毛球"等。孩子们有了各种各样的感想。对孩子们来说,这些就是真正的"宝贝"。

在策划"兔子之家"活动时，福井老师选择了与通常的课堂教学完全不同的环境。老师意识到，在校外可以找到孩子们更多的优点。我觉得，老师事先把活动的主旨告诉孩子们非常好。正是老师的用心，班级中的每一个同学的个性都得到了发展，班级整体形成了温暖和睦的氛围。在这种情况下，校园霸凌现象可能真的会减少。

第三节　发现个性

孩子出生后，其个性会渐渐展现出来。虽说如此，个性并非放任不管就会自然得到发展。反之，什么都管，个性也会被破坏。我在下一章中会围绕个性展开详细论述。在此，我先阐述孩子展现出的个性的形态。

个性很有意思。孩子本人一般很难意识到自身的个性。当我们发现个性并加以培养后，个性的形态就会更加清晰。孩子的个性会因为大人对待他们的方式而受到影响。因此，慎重对待孩子的个性很重要。大人指导孩子，甚至教育孩子，原本都是好意。但是，那也很可能损害孩子个性的发展。

喜欢的事

某人"喜欢的事"一般与其个性有着密切的关系。因此，接纳孩子"喜欢的事"尤为重要。我认为，为了能做个人"喜欢的事", 其本人必定愿意做出很大的牺牲。我们过去常说, "与其做喜欢的事, 不如做该做的事"。不少老师一定和我有同样的想法。在随心所欲做喜欢的事之前, 应该还有更多不得不做的事吧! 如果每个人都只做个人喜欢的事, 那么整体秩序就乱了。只做个人喜欢的事, 会让个体形成不完整的人格。这种观点确实没错。但是, 过于强调这种观点可能会损害个体的个性发展。

简而言之, 保持"想做的事"与"应该做的事"之间的平衡很重要。日本社会过于强调孩子"应该做的事"。各位回想一下我在第二章阐述的内容就能理解我的说法。"简易修行"的精神, 就是强调个体要咬紧牙关、克服困难, 去共同完成规定的任务。无论与谁都要保持一致, 这就是日本人的观点。在平等原则占绝对优势的母性原理的支配下, 当某人在做个人喜欢的事时, 日本人会觉得他有过错。深受这种观念的影响, 日本教育无论如何都会压制孩子去做他喜欢的事情。如果不能清楚地意识到这一点, 那么孩子的个性成长就会受到极大的影响。

当我阅读欧洲人执笔的关于日本教育的书籍或者与欧洲友人交流时, 他们通常会评论日本的教育太过强调"集体主义", 压抑了孩子的个性发展。即便是精通日本教育的外国人, 也会有同样的想法。比如, 英国教育学家斯蒂芬斯对日本教育的优点给予了认可。但是, 他也指责日本过于强调"集体主义"。斯蒂芬斯阐述道: "在日本, 一个人做了不同于他人的事要付出很大的代价。日本人始终在参拜一个名为和谐的神社。他们的文化强调团体的统一。所以众多的日本人都在强迫性地依据这个观念生存。"①

考虑到日本人强调"集体主义"这一点，如果日本的老师真心期待孩子的个性得到发展，那么当孩子在做个人喜欢的事时，他们就不得不予以尊重与支持。即便孩子的行为"不同于周围人的行为"，老师也必须下定决心，予以接纳。这确实相当困难。如果老师克服不了这种困难，那么谈论"个性发展"只是纸上谈兵。

作为心理治疗者，我时常会遇到不同类型的孩子。我通常会问他们："你有喜欢做的事吗？"在孩子们的回答中隐藏着各种可能性。例如，一个上不了学、在家待了很久的中学生会说："我喜欢船模、喜欢船舶的照片，会在家里贴很多船舶的海报。"渐渐地，他会把话题延伸到想坐船去旅游上。心理咨询师一边倾听，一边会自然地联想到，孩子内心想脱离母亲，想依照自身的方式独立成长。事实上，在孩子反复描述故事的过程中，他能真正找到自己该走的道路。

当我问孩子们"你喜欢做什么"时，一些初高中的孩子会

---

① 斯蒂芬斯著，上杉孝实、江阪正己译，《英国教育家视点中的日本教育》，新世社，1993年。

回答"我喜欢吵架""喜欢一个人骑车闲逛"。然后,我会继续问"一个人骑车,哪里有意思啊?""你为什么喜欢吵架?"。有趣的是,孩子们的回答往往体现了其独特的个性。有的大学生说:"我喜欢玩弹子机。"我问他:"为什么喜欢弹子机?"他说:"实际上,我真觉得弹机子没什么意思。我也是没办法,每天简直就像和尚修行似的在玩弹子机。老师,我觉得真正喜欢玩弹子机的人绝对都是很出色的。"像这样,在我们的对话中,大学生反省起自己的生活方式及生存的意义来。

有的孩子会说"我没有喜欢的事""没有什么事想说"。遇到这类沉默寡言的孩子,我们只能耐心地与他们沟通。即便他们说没有任何喜欢的事,在经过一年左右的交流后,我们也能看出他们的改变。

个性与恶

当孩子费劲地寻找发挥个性的"出口"或者不断展现其个性时,周围人通常会把这种个性的展现看作一种"恶习"。即便说不上是"恶",很多时候,他们的行为也会令人讨厌,有时甚至包含了部分神经症性的行为举止。老师必须认识到这一点。在为矫正孩子的行为感到焦虑之前,老师很有必要深思,这个孩子的行为背后究竟是什么。

　　我曾经与作家田边圣子女士有过交流。令我印象深刻的是，田边女士聊到了自己偷窃的故事[1]。每当走进旧书店、察觉到店内没有工作人员时，她就特别想偷几本书带回家。田边女士并不是没钱购买。据说，"从小学六年级到初中二年级"，她始终与偷窃的念头做斗争。随后，那个念头突然消失了。田边开始模仿作家写起小说来。由于受到周围朋友的连连称赞，她开始创作起个人的"小说"来。

　　这个正是个性以"恶习"的形态展现出来的典型例子。在个人内心的故事展现于外界前，他会强烈地想把外界的东西（比如旧书）归为自己所有。于是，冲动的偷窃行为就出现了。田边女士最终打消了偷窃的念头，不断创作个人的故事。然而，有的人真正走上了偷窃的歧途。

　　希腊神话中的普罗米修斯可以说是盗窃的原型。希腊众神没有给予人类火种。为了把众神手中的火种带给人类，普罗米修斯巧妙地欺骗了宙斯，将火种拿到了手中。人类为之喜悦狂欢，然而普罗米修斯却遭受了众神的惩罚。正是由于普罗米修斯的盗窃行为，人类才获得了火种。换言之，为了实现"自立"，个体需要"恶习"中的盗窃行为。

　　虽说如此，我并不想容忍或是奖励偷窃行为。那是荒唐的

---

① 　河合隼雄，《当你还是一个孩子》，榆出版，1991年。

事。作为教育工作者，我们应当在明确偷窃行为是"恶习"、应该禁止的基础上，好好思考这个难题。这才称得上是真正的"教育家"。单单惩罚有"恶习"的人是所有人都能完成的事。

我曾经在其他刊物中论述过老师以何种姿态来对待打破校规的孩子的案例。以下故事来自德国儿童文学之父凯斯特纳的杰作《会飞的教室》①。

这个故事描述了一群愉快生活的高中生。当他们得知校内的伙伴被工业学校的孩子欺负殴打后，立即外出痛打"敌人"，随后趾高气扬地回到了学校。这群孩子是校内寄宿生，私自外出行为当然没有经过学校批准，显然违反了校规。宿管老师得知详情后，把他们带到了别克老师身边。别克老师有着正义老师的绰号，受到孩子们的尊敬和爱戴。

别克老师认为，青春期的孩子出现类似的过激行为，是理所当然的事。伙伴被对方欺负不去救援反而更离奇。那么，他究竟是如何教育孩子们的呢？

别克老师表示，应该禁止这些孩子外出两周。他问孩子们："为什么外出之前不到我这里来请假？"其实，别克老师是想说："难道你们连我都不信任了？"孩子们回答，即使他们事先

---

① 埃里希·凯斯特纳著，高桥健二译，《会飞的教室》，岩波书店，1962年。我关于该作品的观点请参考：《阅读孩子的书籍》，榆出版，1990年。

与老师商谈，也注定不会被批准，最后还是会打破校规。如果老师允许他们外出，途中和对方发生争吵引发事故，那么所有的责任就都是老师的。为了不给老师添麻烦，他们决定私自外出，想自己承担这份责任。别克老师对孩子们的回答钦佩不已。孩子们显然是经过了深思熟虑才做出那样的行为的。然而，"无罪放行"显然不行，因为孩子们说到自己应当承担责任。

　　别克老师严厉地说道："我决定禁止你们在小长假回来后的第一天下午外出！"但是，他又补充道："那天下午，我请你们五人来我的办公室。我们可以边喝咖啡边聊天。"接着，别克老师和孩子们说起了自己的经历。"高一时，我的周围没有值得信任的老师，自己吃了很多苦。我想成为一名能与孩子真正敞开心扉交流的老师。于是，我才做起了学校宿舍管理员的工作。"孩子们在听到老师的个人经历后感动不已。走出办公室后，其中一个孩子表示："今后只要别克老师需要帮忙，我必定随叫随到！"

　　如果继续讲述这个故事，那么大家必定会有很大的兴趣。故事中确实随处都是对教育工作者的启示。即使这里只提供了上述的一个细节，我们也完全能够感受到别克先生的态度。围绕私自外出的"恶习"，师生间出现了冲突。然而，他们的关系最终达到了完美的状态。

秘密

可以说，与个性有密切关系、与"恶"较为接近的是"秘密"。我曾经听到某个儿童机构中的某位老师这样说道："我们机构里的孩子在用机构统一分发的笔记本、铅笔等文具时特别不珍惜。但是他们用起自己捡来的只剩下一丁点长的小铅笔是那么珍惜！这实在难以理解。"其实，这不难理解。对孩子们来说，机构发给他们的铅笔是与其他小伙伴完全一样的。他们不会觉得这是他们个人的东西。相反，自己捡来的铅笔就是自己的"宝贝"了。那是属于个人的物品，不同于其他的文具。（当然，最近这个机构也有所改变。机构负责人会在预算范围内让孩子们挑选自己喜爱的文具用品。）

"宝贝"无疑重要。"秘密的宝贝"更可以说是孩子个性发展的重要支柱。想必各位读者儿时必定也拥有过百般爱护的"秘密的宝贝"吧！当孩子有了"秘密的宝贝"时，他的内心会有矛盾的想法：既不想把它告诉任何人，又很想与某人分享。

"秘密"如此重要。但是，事实上，老师与父母常说孩子不应该有什么"秘密"。究竟如何理解这个问题？秘密确实像把双刃剑。它有破坏性的消极的一面。谁都认同这个观点。有人会说："小时候自己做了谁都不知道的坏事。因为把它作为秘密不敢告诉任何人，所以自己始终忧心忡忡，最终形成了易受挫的性格。"这就是秘密导致的负面的结果。

　　基于不同心境，秘密起到了积极或消极的作用。但是，家长与老师对孩子拥有秘密这件事都极力反对，有的甚至认为持有秘密是一种罪恶。因为他们害怕孩子有了秘密后会渐渐独立起来。换言之，他们害怕孩子要离开他们。对他们来说，始终将孩子掌控在自己的手中才是最令人安心的。

　　然而，有这种倾向的人往往自己也不够独立。当孩子离开他们后，他们就会感到极度恐惧。如果他们不知道孩子的想法或做法，那么他们的内心就得不到满足。然而，大人适当接纳孩子的"必要的秘密"对孩子的个性发展会有很大帮助。师傅与徒弟的关系也是如此。越容易焦虑、担心的领导，就越想知道部下的所作所为。这会真正阻碍其个性的发展。

玩耍

　　让孩子自由玩耍是发现孩子个性的重要途径。说到中小学，日本学生的成绩胜过欧美学生。但是当他们进入大学后，情况却恰恰相反。大学毕业后，专职做科研的日本学生也比不过欧美学生。当然，造成这种差异的原因错综复杂。欧美的孩子在儿时通常可以自由痛快地玩耍。到了大学，他们突然开始学很多新知识。与此相比，日本的孩子始终被大人教导要学习，他们也习惯了。一到大学，他们就完全失控了，突然停止学习，开始玩起来。日本学生的这种状况在世界上应该也是少见的。

　　把个性、创造性与玩耍结合起来，那么我们可以说，年龄越小越会玩的孩子，就越自由开放，越富有创造性。即使眼前只有一根木棒，年龄较小的孩子也能够想出各种玩耍的方法，比如把它当作武器、看成敌人、变成柱子等。年龄较小的孩子能与丰富的幻想世界联系在一起。然而，大学生就很难进入幻想世界。他们或许只能在现有的框架中玩耍。大学生很少玩生死轮回、摇身一变成动物、魔法召唤之类的游戏。一般感受性不强、没有艺术细胞的人不可能这样玩。反之，会这样玩的人都是在幼儿期打好了基础。

　　孩子在幼儿期自由玩耍的经历对其产生新颖的构思、探索其个性发展的方向都起到了很大的作用。当今日本的教育是从小培养孩子尽早知道正确答案。幼小的他们很早就受到了这样的训练。上学后，孩子都会自发地"学习"。但是，要产生丰富的想象力、发挥创造力，对他们来说是很难的。让大学生运用丰富的想象力去玩耍，可能极为少见。

　　或许大家认为我在围绕"玩耍"这个主题随心所欲地表达个人的想法。但是，我确实通过实践"游戏疗法"（play therapy），对孩子"自由玩耍"的价值有了深刻的理解。我们职业心理咨询师平时需要面对各种内心有烦恼的孩子。让他们"自由地玩耍"可以说是一种特效药。拒学症也好，抽搐症也罢，还有多动症等，无论对待有何种症状（拒学症、抽搐症、多动症等）的孩子，我们采用的唯一方法都是陪他们一起来到一个能玩耍的房间。我们会告诉孩子："在这里，你有五十分钟的时间想怎么玩就怎么玩，喜欢玩什么就玩什么。"在孩子听到能"自由玩耍"后，他们通常会自由开放地开始游戏。最后，他们各自展示出独特的个性，我们自然就找到解决问题的线索了。

虽说如此，确实有的孩子很难自由地玩耍。你对他说随便玩，他会四处张望，什么也不做，傻傻地站在那里。他是在等待大人的指示。孩子本人知道，按照大人说的去做会得到赞赏。至今为止，孩子有太多这种经历。所以让他们根据自己的想法去自由行动是相当艰难的。然而，即便是面对这一类孩子，我们心理咨询师也不会给予任何指示，只会等待。不可思议的是，孩子会渐渐地行动起来。或许，他们稍微触摸一下沙盘，就会警觉地看我们的脸色。但是，在这个过程中，孩子们会渐渐根据自己的想法玩耍。

我在此不详细阐述游戏疗法。在玩耍中，孩子们通过自身的力量得到了成长，甚至可以说获得了不错的成果。就刚才提到的情绪不稳定、令大人困惑的孩子来说，只要让他们自由地玩耍，他们在反复寻找"秘密的宝贝"的过程中也会感到内心安定。有不少这样的成功案例①。

近年来，我们在媒体报道中时常听到"国际化"一词。说到经济实力，日本可以在世界上引以为豪。但是说到基础研究，如果国家培养不出创造性人才，那么日本人也只能偷取他人的理念，并因此受到众人的指责。因此，日本近年来反复强调如何使日本的大学教育更加充实。但是，我认为，如果想要真正改变日本教育的现状，那么我们就不得不考虑去保证孩子在幼儿时期拥有自由且丰富的游玩时间。这一点相当重要。

但是，这个问题并不是通过修改教育制度就能解决的。比如说减少小学学习课时，因为即使实行双休日，有家长依然会把孩子送到补习班去学习。那么，究竟如何处理才更为合理呢？在和以自由玩耍为理念的幼儿园、托儿所的老师交流时，我能够感受到他们的极大困惑。很多家长表示："孩子每天在幼儿园这样玩，但是我们希望老师多教孩子一些汉字的写法。"日本人喜欢学习，确实也是令人头疼的事情。

只要孩子成了班里第一，那他就获得了真正的幸福。我认为，日本人应该改变这样的观念了。如果日本人的整体意识不发生改变，那么我们就很难从本质上解决问题。比如，如果家长大力支持自己的孩子拥有充分的时间去玩耍，而学校里的其他孩子

① 河合隼雄，《孩子的宇宙》，岩波书店，1987年。

都在奋发图强，那么家长与孩子本人就不得不忍受成绩落后的事实。父母是否能够确信让孩子现在玩耍能给孩子的将来带来幸福呢？他们能与孩子共同忍受眼前的现实吗？

如果真正考虑日本的未来和孩子的将来，那么我认为确保孩子游戏的时间是每一位家长都应该考虑的。

第四节　管理与个性

我阐述了自由玩耍对个性培养的重要性。然而，考虑到学校的秩序及管理，我们不得不谈论规章制度。对强调个性发展的人来说，学校的规章制度似乎是一种障碍。其实，这样的想法极为单纯。在我刚才介绍的游戏疗法中，虽然尽可能给眼前的孩子最大的自由，但是我们也明确限制了玩耍的时间和规定了场所。这些限制并不是为了"管理"。基于我的个人经历，我认为，"人只有在受到明确限制的前提下，才能真正获得自由"。

给孩子自由绝不是放任不管。我们假设把某人带到一个空旷的操场中。即便我们告诉他"你自由尽兴地玩耍吧"，我们能说他是在体验自由吗？相反，他的内心或许只有不安与恐惧。他可能会想"我究竟要在这里待多久啊""说是给我自由，可是我在这里，什么也不想做啊"等。当被告知可以在一个宽敞的房间中"自由地"玩耍时，很多人会走到墙角。他们需要一种"框架"。只有在确认了框架的前提下，人才能够获得自由。

青春期的难点

在读到媒体上的"霸凌"报道时，很多人会对那些残忍的行为感到诧异。也有人立刻会评论："现在的年轻人啊！"如今的霸凌行为确实残忍。但是，这不只是如今的年轻人特有的行为。让我们回顾历史：曾经日本对中国、苏联对匈牙利、美国对越南究竟都做了些什么？我真的希望大家能够了解最近在世界内战中受到憎恨的人们到底做了些什么。其实，只要是人，他的内心深处都有可能隐藏着一种实施残忍行为的念头。我们应该认识到这个事实。但是，我也只是说有可能，念头与实际的残忍行为之间还存在距离。为了压制残忍的行为，人们在各自的文化体系中反复思索，采取了各种措施。所以，在日常生活中我们很难察觉到内心深处隐藏着的残忍念头。但是，处于青春期的孩子较为特殊。

孩子长大成人需要经历艰难的过程，用毛毛虫变成蝴蝶的过程来类比尤为贴切。青春期的孩子在成长。他们的内心发生了极大的变化。我们千万不能看漏。从毛毛虫变成蝴蝶，这个过程中还有"蚕蛹时期"。青春期的孩子正处于蚕蛹时期。蚕蛹在硬壳中受到了外界的守望和保护，内在经历着极大的转变。毛毛虫由此逐渐变成了蝴蝶。人的内心其实也在不断地发生转变。

一方面，个体在蚕蛹时期几乎类似石头，处于完全封闭的状态。另一方面，当个体内心的转变向外展现时，他可能会出现各种离奇的行为。我们可以在青春期的孩子身上看到这两个方面。即使只呈现出其中一个方面，周围的大人也会感到困惑。我曾经遇到犹如石头般的一声不吭的中学生。当他与我沟通交流、建立了关系后，他会严厉地指责父母，最后甚至大声地叫喊，不停地哭泣。反之，即便是粗暴易怒的孩子，在老师、家长面前也会表现得很安静，行为很得体。

在青春期，人的内心深处会发生转变。当内在的转变向外展现时，孩子本人很难控制自己的行为。因为孩子控制不了自己的行为，所以向他人实施了暴力。在那个时候，必须有人阻止他们。最为重要的是，大人处理事情的态度必须干脆，还要划清好坏的界限，明确告诉他们，哪些是绝对不被允许的行为。面对青春期的孩子，我们不能只是口头上说"我理解你的想法，你要认真啊"。在有些情况下，我们要干脆利落地拒绝他们。

意图实施暴力的中学生事后会说："多亏大人阻止了我！现在我的内心安定多了。"但是，如果事发当时没有人去阻止他们，那么中学生就很难控制自己的行为，事后就会后悔不已，为自己做了那种残忍的事感到惊讶。

我在此强调，对于青春期的孩子，我们必须跟他们说清楚绝对不能做的事情是什么，也就是给他们设置一道"障碍"。在他们遇到障碍后，他们就能从孩子逐渐长大成人了。这道障碍越不牢靠，孩子们就越会感到不安。这是活生生的人搭建的一道障碍，具有特殊意义。对他们来说，一块无机的障碍物毫无教育意义。

校规的意义

如果认同以上的观点，那么大家应该能理解设置校规的意义。设置校规的目的并非约束学生。学校在设置校规时应该考虑不束缚学生，不让学生感到压抑。理想的校规是一个让学生获得更多自由的"框架"。

我曾经跟美国的朋友聊到，在日本，个别的中学会制定男生头发留到多长、女生短裙必须超过膝盖多长的规则。起先，他以为这只是个笑话，便一笑了之。但是，当知道这是事实后，他露出了不可思议的表情，说："这难道不是一所宗教戒律森严的学校吗？"确实，宗教仪式讲究各种细节。外国朋友认为，这种校规就等同于宗教的仪式。

听了美国友人的话，我意识到出现这种情况是因为日本学校受到了我之前论述的"简易修行"模式的影响。日本社会制定了各种大大小小的"规则"。只要遵守这些规则，无论什么样的孩子都是"好孩子"。这种观点也有一定的道理。从某种意义上讲，规则确实发挥了其作用。但是，我之前已经论述过，这种想法偏离了日本传统的"老规矩"模式，将个体完全束缚于格式统一的模型之中。从如今日本所处的国际地位来看，我认为，学校的教育方式应该从"模具式"转变为"容器式"了。

我认为，我们应该把校规看作确保孩子获得自由的"框架"。如何理解这句话的含义？如果学校只是盲目机械地制定校规，那么老师就只能照章办事，孩子们也不可能看到活生生的老师的真正姿态。

老师站在校规与学生之间的位置。我已经讲述过别克老师的故事。那是最好的例子。别克老师确实按照校规惩罚了在校的学生。但是，在他的话语中，我们能够感受到老师本人的个性与热情。

有的学生会问为什么要制定校规呢？他们也会思考，与老师展开争论。其中，有的学生强词夺理，个别老师也险些输给他们。其实，学生是想与富有个性的老师展开对话。他们并不希望整天被老师说要遵守校规。他们希望老师能把自己看作一个活生生的人来对待。老师不应该把校规当作盾牌，隐藏在后面。老师应该堂堂正正地站在校规与学生之间，展示自身的老师形象。

大学生也会围绕大学的校规展开讨论，猛烈地批判校规。大学的管理者对如何得体地制定校规会感到困惑。我曾经是京都大学教育学部的部长。我当时规定大学生必须十点前回宿舍。学生们一下子涌现到我面前，问我为什么要规定十点前回学校。我回答他们："没有任何理由，就是这样决定的。硬要我说理由，因为我是系主任。"学生们显然愤怒不已。我大声、反复地强调个人的理由。最终事态得以平息。我确实认为自己在处理这件事时有不当的地方。但是，这种处理方式与我的性格非常吻合，所以我认为结局很完美。日本的大学生——特别是知名大学的学生——的知识面广、能力强。有的学生的水平甚至超过了大学教授。在一般意义上的青春期，他们始终在学习。然而，说到情绪层面，很多学生在进入大学后才算真正开始了青春期。我从以青春期学生为对象的心理疗法中获得了很多宝贵的经验。在与大学生的沟通交流方面，这些个人经验起到了很大作用。

有这样一个案例。某个中学生在校内吸烟。路过的老师没有批评他，匆匆而过。于是，这名学生转手就殴打起这位老师来。年级组长事后找到这名学生，严厉地批评他。学生说道："那个老师看到学生在做坏事，居然视而不见，于是我就忍不住动手打他了。"受到指责的老师说："如果你是那个意思，那么我今后一定批评你。"然而，学生仍感到不满："你为什么要如此居高临下地命令我？"他又准备动手了。结果老师得出了结论："对这种学生，老师无论做什么，都是毫无意义的。"是这样吗？

老师对校内吸烟的学生视而不见，匆匆离开。之后，在他听到学生的意见后，便说"那我今后提醒你"。也就是说，老师并没有把学生作为一个活生生的人来看待。学生对于老师的冷漠态度感到愤怒。正如那位老师所说，"对于品质恶劣的孩子，管教也无济于事"。我们确实能理解这种心情。但是，事实上，如果老师能展现出个性，用心去对待学生，那么学生也能够认可老师。临床心理治疗的基础就是人与人建立互相信赖的关系。

校长的角色

校长必须管理整个学校。我们不能忘记，校长既是管理者，又是一名教育家。校长的工作并不是压抑每个人的个性。考虑如何在整体中让每个人的个性都得到施展，也是校长的工作。

我认为，在学生人数为五百名左右的初等学校中，校长应该记住所有学生的名字和脸蛋。据说在规模较大的高中，校长都记不住教职员工的名字和脸蛋，这让我感到非常诧异。因为，这属于发挥每一个人的个性之前的步骤。

我在此举的案例来自东京都池田光子老师的分享[①]。池田老师所在的学校曾经组织过一项"鲤鱼跃龙门"的活动。学校要求大家以班级为单位，制作鲤鱼跃龙门的作品。每一个孩子都会在

---

① 池田光子，河合隼雄，"培养有气势的干劲"，《会飞的教室》，第43期，榆出版，1992年。

鲤鱼的鱼鳞上写上自己的愿望。到了五月，学校会把这些作品展示在校内，供大家欣赏。每个班的孩子关于作品形式、鱼鳞形状的想法都不一样。我对这个活动很感兴趣。在此我只围绕下面这一点展开说明。在活动中，池田老师班里的孩子们想出了新招：放弃做鲤鱼，要做一条龙。老师同意了孩子们的想法，孩子们制作了龙的作品。然而，隔壁班级的孩子都感到诧异，纷纷叫道："就他们班不做鲤鱼！他们为什么要做龙？"池田老师说："我们班的孩子特别喜欢集体创作的这个作品。这个作品新颖独特，一目了然。我本人也很喜欢。当然，我也很在意学校整体的看法，特别是校长的反应。我知道这样的事情在教工会议上会引起争议。他们可能会说'对池田老师班里的学生搞特殊化，这公平吗？''明年我们班也不做鲤鱼，做鳗鱼，学校也批准吗？'。"

围绕鲤鱼跃龙门活动，孩子们主动配合。校长巡视每个班级。他来到了池田老师的班级，说："哦，这里原来是在做龙啊，大家的想象力好丰富啊！"据池田老师说："校长是非常大度的人。他充分肯定了孩子们的想象力。校长兴致勃勃地到各个班级看了看，大大赞赏了孩子们的创意之作。"

以下案例来自一位女校长太田佐知子的分享[1]。由于上学迟

---

[1] 来源于京都市教育委员会主办的进修会。

到的学生增多，太田校长决定每天在校门口站岗。一大早来上学的孩子们都会积极向校长问好。即使那样，确实也会有个别孩子迟到。他们被罚站在校门外，名字也都被记录下来。但是偶尔过了进校时间，在校门即将关闭时，会有个别孩子从远处气喘吁吁地奔过来，大声喊道："太田校长！"以为发生了什么事的校长走到孩子跟前。孩子立刻甜甜地说道："校长，今天您的衣服真漂亮！""是嘛，谢谢！"在进行这样的对话时，那孩子溜进了校园。校长说："简直有一种被骗的感觉。"我至今对太田校长边说边笑的样子记忆犹新。

在这样的学校里不可能发生学生在校门口被挤压致死的事件。以校长为首，所有老师并不是在机械地掌控孩子。最为重要的是，他们把学生当作一个个活生生的人去对待。校规并不阻碍人与人之间的沟通。甚至可以说，校规促进了个体间的个性交流。

说到校长与老师的关系，我想起了著名的精神分析学家布鲁诺·贝特尔海姆教授的故事。当时布鲁诺先生作为客座教授，来到我供职的京都大学。他提出想要参观日本小学的课堂，于是我们就安排他去走访京都市内的几所学校。当时的校长中村良之助先生陪同布鲁诺教授参观了小学一年级的课堂。没想到课堂上发生了意外。有个学生突然感到身体不适，开始呕吐。任课老师立刻把学生领到了厕所。于是，校长登上了讲台，学生们跟着校长的节奏继续上课。过了不久，班主任与那个学生回到了教室。校长和老师进行了简单的沟通，之后由任课老师继续完成课堂教学。

课后，精神分析学家布鲁诺·贝特尔海姆教授对校长和老师感到非常钦佩。"这样的紧急处理方式在在美国是难以想象的。校长、老师、学生之间的关系居然如此紧密……"布鲁诺教授甚至说不出话来。不愧是一位精神分析学家。他从课堂中的紧急处理方式感受到日本的校长、老师、学生之间的紧密关系，并为之感叹。我在此描述的校长的姿态并不是一个单纯的管理者。

第四章

教育中的人际关系

对工作在教育第一线的人来说，人际关系相当重要。临床教育学也特别强调人际关系的重要性。其研究的前提就是研究者与研究对象的关系。因此，要想研究临床教育学，就必须仔细思考人与人之间的关系。人际关系的变化会直接影响这种关系引发的现象。

教育领域中的人际关系包括老师、学生、家长、教育委员会、各地区相关的教育人员之间的关系。然而，从古至今，日本始终把学校看作一个"圣地"。不是教育工作者的人几乎对教育的事情插不上嘴。老师也会直截了当地说："我们会负责学生的教育。"虽然有家委会的存在，但是家长很难阐述个人意见。从某种程度上讲，这种倾向确实让老师承担起责任。但是，在如今变化多端的社会背景下，"学校是圣地"的观念应该有所改变。我在本章中将围绕这个话题展开论述。

第一节　老师与学生的关系

师生关系是教育中最为重要的人际关系。在日本，小学老师必须教授所有的科目。老师通常具有丰富的知识，掌握了不同的教学方法。没有知识和方法，当不了老师。然而，即使有了知识，掌握了方法，教学也未必一定成功。这就是教育的难点。老师在选择教学方法时必须考虑整个班级的孩子。当然，我也反复强调每一个孩子都有不同的个性，老师不得不注意到这一点。以下，我将围绕"教书"与"育人"展开论述。

"教书"与"育人"

我曾经与智障儿童教育经验丰富、实践活动成果丰硕的高梨珪子老师展开过交流①。当时，高梨老师与其他老师就智障儿

---

① 高梨珪子，河合隼雄，"被触发的乐趣"，《会飞的教室》，第48期，榆出版，1993年。

童的个案做了报告。她故意不提孩子的智商、个体发展指数以及医学上的诊断名称，直接介绍起个案来。高梨老师当然知道这些信息不可缺少。那她为什么这样做呢？她说道："我不会先看智商分数再去接触孩子。我会先和孩子接触。在与孩子接触的过程中会发生各种各样的事情。当产生疑义时，我会去确认相关的信息。"

我在第三章中提到，我们不能只关注儿童发展阶段的特性。高梨老师的想法确实与我的想法非常吻合。也就是说，不给孩子贴上任何标签。每一个孩子都是活生生的人。我们要怀着这种想法和他们去沟通。但是，在发表研究报告时，通常研究者会被问道："你的这些观点有没有客观的数据支撑？这难道不是你的主观想法吗？"高梨老师说："我始终强调，直觉才是最重要的。"这究竟又是什么意思呢？

十八世纪的物理学家被看作科学、客观地研究教育的典范。比如老师会以"IQ50"为基准与孩子接触，客观地与他打交道。这种态度无疑会给孩子之后的行为带来很大影响。相反，老师不考虑孩子的智商分数，一边期待孩子的成长，一边温暖地守护他，这显然也会给孩子的行为带来影响。与前者相比，往往后者会带来更好的效果。

这其实是一个常识性的问题。那么，为什么至今为止我们没有意识到这个问题呢？主要有两个原因。首先，我们被"研究"

这个词误导了。由于近代科学的迅速发展，在听到"研究"时，我们立刻就会联想到"客观性"。然而，从物理学家的角度来看，那或许只是一种模仿，还称不上具有"客观性"。其次，教育强调客观性，就是把"教育者"与"被教育者"完全区分开。换言之，老师在采用科学、客观的方法教授学生。如果学生不听老师的话，那么他必定会被认为是一个坏学生。

但是，老师也好，学生也罢，都是活生生的人。事实上，我们很难用科学的方法解决实际的教育问题。在解决教育问题时，人际关系起到了很大作用。教育问题确实非常麻烦。

无论如何，老师始终喜欢"教书"。但是，我们不能忽视的是，教育本身还少不了"育人"。实际上，教书与育人密切相关，两者同样重要。老师深知为何要教书，但是他们不知道为何要"育人"。老师想要培养孩子，却又不知如何是好，这也是实情。在临床教育学中，"育人"的侧面更加重要。

说到"育人"，人际关系无疑是重要的基础。职业心理治疗师始终在探究"育人"中的人际关系。之前我在论述游戏疗法时也强调，给孩子一个"自由玩耍的空间"的重要性。事实上，孩子能够自由尽兴地玩耍，要以他与治疗师的良好关系为基础。治疗师必须敞开心扉，尊重孩子，用接纳的态度与孩子接触。这看似简单，却并不容易。打个比方，假设眼前的孩子什么都不做，治疗师或许会说"那边有球哦"，并督促孩子去玩球。此时，孩子的自由已经被掠夺了。然而，如果治疗师什么也不说，保持沉默，那么"无论什么时候，孩子都不会主动去玩"。治疗师会产生焦虑的情绪。当焦虑的情绪传递给了孩子，那么还何谈守护孩子呢？

大家或许认为，只是站在孩子身边，不发出任何指示，也不抱有什么期待，谁都能做到。不可思议的是，孩子本人有能力辨别对方的好坏。当他感受到自己被心理治疗师接受后，他就会渐渐行动起来，展现内在的潜力。这就是"育人"。之后我也会论述，这种对待孩子的态度并不是一朝一夕能够学会的。老师需要接受严格的训练。当老师意识到"育人"的重要性时，他将能够感受到眼前的孩子在积极主动地行动。

老师的角色

老师既要"教书"，又要"育人"，确实很辛苦。老师可能会对如何跟学生打交道感到不知所措。某一天，一向热心"教学"的老师突然被"育人"的想法所打动，说："好！都说老师与同学平等，那我们就是朋友！"我对这位老师感到钦佩。但是教育问题并不能靠热情解决。

我曾给一位高中老师做过心理咨询。这位老师对"教学"充满热情。作为班主任，他把整个班级管理得很好，起到了统率的作用，在校内也得到了很高的评价。但是，这位老师去听了一个讲座。演讲者说："不能掠夺学生的自由。要接纳学生的情绪，依靠学生自身的力量培养他们。"对于讲座中的这些观念，这位老师产生了共鸣。因此，他竭力去"接纳"学生的情绪，一心做到尊重孩子的自由。没想到，这样一来，孩子们开始自由放纵起来。任课老师不得不发牢骚："你们班上课太吵，太难教了。"也有老师对班级的状况表示了极大的不满。

因此，学校采用无记名的方式，让这个班的同学写下对班主任的看法。其中我们能够看到这样的评语："至今为止，班主任都非常好。不过这学期以来，他对教育好像失去了热情。"也有学生写道："老师，您还是像以前那样，严厉地管教我们吧！"作为老师，他本人不认为以前的自己是一位"称职的老师"。严格要求学生不好，放任不管也不好。这位老师不知如何是好，所以来找我做心理咨询。

在教育第一线，二选一式的思维模式多半是毫无意义的。老师的作用并不是给学生单纯地指示前进的方向。我认为，老师是"专业性很强的职业"。关于这一点，我在此姑且不说。我最想对这位班主任说："既然接纳重要，那么除了接纳学生，您也应该好好接纳自己。"比如，即使学生说"我今天不学习，想玩软式棒球"，老师也应当接纳"今天想要上课"的自己。老师的内心展开了一场斗争，最终得出结论：接纳自己才算得上是真正的

"接纳"。

再比如，学生口头上说"我今天不学习了，你不用管我"。但是，他们在书面上却写"老师，您还是严厉地管教我们吧"。我们该如何考虑这件事呢？"接纳学生整体"是指老师除了接纳学生的语言，还要接纳学生给出的一切信息。

我们在此探讨老师的角色。仅仅着眼于师生关系这一点，我们就已经感受到其中的难度了。比如，老师必须在课堂上激发学生的学习兴趣。为了让班里学生的注意力都集中到自己身上，老师不得不在课堂上提醒思想不集中的孩子、和同桌说闲话的孩子等。他一边传授知识，一边思考各种问题，比如"刚才的解释可能对这个孩子来说太难了""那个孩子上周休息，我现在的说明他可能听不太懂"等。老师在批评教室里注意力分散的学生时，也会猜想他心神不定的原因，考虑课后是否再与他进行个别交流等。

老师解释完知识点后会让每个学生做习题。对那些对做习题感到困难的学生而言，老师或许布置简单一点的习题为好。班里个别同学甚至连什么是分数都不知道。遇到这种学生怎么办？老师在教室里走动，发现答错习题的学生很多。为什么错的人那么多呢？就像这样，老师在课堂上需要边教学，边思考。

老师课后把课上心不在焉的孩子叫到办公室，问他"你今天怎么了"。但是,此时老师必须采取不同于课堂上面对四十名学生的教学姿态,敞开心扉,用接纳对方的那种态度去和学生交流。即使老师努力与学生沟通,学生也很有可能保持上课时的态度,不愿意谈论个人话题。在遇到这样的情况时,老师应当判断是否过一段时间再和他沟通。

如果老师都能按照我以上的建议去做,那么可以说他们已经修炼到家了。事实上,除了教学,老师还有其他各种事情。

父性与母性

在一个家庭中,孩子既有父亲,又有母亲。然而,一位老师每天要面对班里的所有学生。由此我们可以理解做老师的难处。因为老师一个人要负责整个班级,所以老师本人,无论男女,在某种程度上既要担当好父亲的角色,又要扮演好母亲的角色。当然,这种角色扮演并不需要老师像现实生活中的父母那样去照顾孩子的衣食住行。其真正的意义在于,老师必须根据学生的需要,发挥出父性或母性的功能。

我在第一章中阐述了父性原理与母性原理的概念。我也强调我们很难说两者中哪一种完全正确。因为两者相互对立,所以整合两者是非常困难的事情。事实上,每个人在生活中都在不断地寻找两者的平衡,只是很少有人会意识到这一点。我们很有必要去探究使两种原理达到平衡的方法。

比如，学校严格制定了校服制度。一旦有人不穿校服，他就会受到惩罚。不遵守校规，他也会受到惩罚。好坏分明。我们或许认为这就是父性原理。但是，父性原理的出发点是注重个体。所以，规定统一校服本身就是离奇的事情。美国学校是不会要求统一穿校服的。然而日本特别注重传统模式，背后是母性原理在发挥作用。因此，日本社会中的父性原理也是在母性原理的作用下运作的。我不是在论述两种原理的好坏。赞成严格规定校服的老师或许会觉得自己生活在父性原理占优势的环境中。我不得不说这是一种误解。

在日本，想要根据父性原理生活仍然很困难。那么，老师想要在当今的国际化社会中获得能与欧美模式对抗的原理，又该如何去做呢？

日本的教育界（确切说地是整个日本社会）存在归国子女如何受教育的问题。面对这个问题，我们能深切感受到日本社会被母性原理掌控的现实。当那些在欧美社会接受过教育的归国子女将自己从欧美社会中学到的知识或技能运用到日本社会中时，他们立刻会碰壁。从美国回到日本的麻衣子在某中学学习英语。在美国，如果在英语课上有疑问，那么学生当然可以自由地向老师提问。但是，在日本课堂上，自由提问会给日本老师带来不愉快的情绪。假设把日语句子"请教我一下怎么去车站"翻译成英语，日本老师会强调把"教"翻译成"teach"。但是，麻衣子和老师直接说，美国人不用"teach"表达，他们说"tell"这个词。日本老师会非常不愉快，并回答："我可不是在课堂上教日常会话。"

类似的例子还有很多。即便麻衣子书写了"正确"的英语，但是只要她不按照老师的要求去写，就会被扣分。即便如此，麻衣子也非常努力地想说服英语老师。但是渐渐地，她变得心有余而力不足了。她说："我在国外学了七年，时刻提醒自己得努力，不要放弃……但是，在日本，一个人或许更需要学会如何放弃。"

在日本生存，一个人确实很有必要学会如何放弃。奇怪的是，日本的教材中写明了"不屈不挠"的解释，却没有提到如何学会"放弃"。或许还真有不屈不挠地寻求放弃的说法呢！

作为心理咨询师，我曾给一些不适应日本社会的归国子女做过心理咨询。我认为，他们在与"文化"做斗争。日本老师强行要求麻衣子听从教导。"只要按照这种传统模式教学，无论哪个学生，他的英语能力都会提高。"老师本人对于这种观念深信不疑。然而，无论麻衣子的英语表达有多么准确到位，她纠正老师的行为都只能被看作妨碍老师正常教学的无理行为。

我在此列举的个案或许过于极端。但是，我认为，日本教育界可能需要努力采纳父性原理。这并不是说单纯从母性原理转变到父性原理。我们必须寻找两者共存的模式，否则争论就会出现。基于父性原理的制度与基于母性原理的制度，到底哪一种更正确呢？我认为无须对比。考虑两者共存的具体策略才是最重要的。

第二节 开放式学校

"开放式"是近年来教育界的一个流行语。母性原理占优势的团队更重视情感上的齐心合力。区分"自己人"与"外人",比判断事物的善与恶还重要。人们会给"自己人"更多自由,对"外人"则会表示冷漠。因此,在日本,对待"自己人"与"外人"的态度是截然不同的。外人不被允许和自己人有染。教育界也不例外。准确地说,教育界本身被看作一个"神圣的领域"。可以说,在教育界,"排外"的倾向可能比其他领域更加明显。

可以说从日本小学到日本大学,从日本教育部到日本的教育组织,日本团队的特性都是相同的。过去,日本大学生呼吁教育改革。他们代表的学生团队完全就是日本式的母性集团。我当时嘲笑过他们:"你们努力改变教育是好事。但是,你们这样不是在促进教育改革。应该给你们起个新名字,叫大日本保守联盟。"我并不是在对大学生的行为说长道短。我只是想说,在日本的母性集团的框架中,想要改变一种体制是非常困难的。

因此，憧憬"开放式学校"的教育工作者首先必须问一下自己，想要促进教育改革的意愿究竟达到了何种程度。否则，大喊教育改革也只是徒劳。他们只能做一些有利于自身的事。

老师与家长的关系

与家长打交道是麻烦事。近年来的家长基本都有大学学历。然而，如果老师是大学刚毕业的新人，那么家长无疑比老师的阅历更丰富，也更能说会道。一旦年轻老师被家长批判攻击，他自然就会变得畏畏缩缩了。如今日本正处于教育改革的过渡期。老师本人站在何种立场、持有何种观点，是极其重要的。

和讨论教育比起来，一线老师更关心每一个学生的幸福。面对现状，如何采取有效且具体的措施才是最为重要的事。老师与家长其实并不处在针锋相对的立场。两者应该共同探讨教育问题，及时采取行动。我之前介绍过学校为了促进孩子的个性发展而开展的各种实践活动。通过开展活动，老师与家长的沟通变得顺畅。这是众人都认同的观点。开展活动的最初原因并不是老师想与家长搞好关系。事实上，如果老师重视眼前的每一个孩子，那么他们与家长的关系也会发生变化。

老师"自由开放"的姿态影响了其与家长的人际关系。提出"三分钟生日派对"这个想法的岸本晃老师曾让学生制作"通信手册"①。岸本老师起先只是让学生写一篇名为《关于老师》的作文。然而在学生的写作过程中，他突然意识到，把作文改写成《老师的通信手册》可能会更有趣且富有意义。这本通信手册与学校的普通手册完全相同。不同之处在于，原先写学生姓名的地方写上了老师的名字。学生评价老师，再由家长盖章。当老师把通信手册递给学生时，他们也会获得来自学生的通信手册。老师和学生相互交换通信手册并握手。这个活动在岸本老师的学校持续了近十年。

在第一学期，孩子们的妈妈们都大吃一惊。她们想老师怎么会让自己家的孩子写这样的手册啊。到了第二学期、第三学期，老师开始在手册中写上一两句话。家长、孩子、老师之间的交流突然间变得顺畅起来。我亲眼看过那些特殊的通信手册。孩子们会非常认真地观察身边的老师，随后写上自己的评语。在"整理身边事物"这一栏，每个孩子都没有给老师很高的评价。可见，他们观察得非常仔细。越是作风散漫的孩子，写起评语来就越是毫不留情。这颇有意思。

岸本老师布置的作业也别具一格，比如敬老日的作业是"给老人敲背五百次"，春游日、秋游日前一天晚上的作业是"安心

---

① 岸本晃，河合隼雄，"老师的通信手册"，《会飞的教室》，第41期，榆出版，1992年。

熟睡"。孩子的父母亲评价岸本老师："真是一个有趣的老师啊!"围绕这些作业,亲子间说了很多话。当然,也有家长认为给老人敲背五百次的作业实在是不妥当。他们表示拒绝孩子这样做。

我也听说过其他的案例[①]。一位表情僵硬的家长来幼儿园接孩子。她没有跟老师打招呼,拉着孩子急匆匆就往回走。通常我们会认为,她可能对幼儿园有不满,或者她对孩子没有关爱之心。在见到这样的家长时,老师的表情甚至也会变得僵硬。然而,某一天,老师偶然在大街上看到这位家长和孩子与一群熟人在欢乐地聊天。老师说:"那个母亲居然露出了充满喜悦的笑脸。在她把孩子送进幼儿园的第一天,她的表情是多么紧张啊!"

此后,老师对这位母亲敞开了心扉,耐心地与她打交道。不久,老师与她建立了良好的人际关系。正如这个个案所示,在日本,一说到学校,一谈到老师,很多人就会露出紧张的表情。老师应该认识到这一点。在这种背景下,如果老师在面对家长时表情僵硬,那么他与家长的沟通显然就更难展开了。上述老师的转变令我印象深刻。

也有直接来学校乱闹的家长。职业心理咨询师会遇到患者的

---

① 来源于京都市教育委员会主办的进修会。

父母或者亲戚来闹的情况。我在指导研究生时曾经说过，"如果孩子的家长怒气冲天地来找你，那么你就可以判断自己赢了"。因为是对方主动来找你，所以你想要和他建立关系不是难事。对方热情地来找你了，这是事实。因此，即使对方大声怒吼，你也必须冷静地倾听对方。在我们静静地听了三十分钟后，对方的情绪大体上都会得到控制，沟通也成为可能。然后，我们就能慢慢去找解决问题的线索。真正难对付的人即使大发雷霆，也不会去找心理咨询师。

临床心理咨询师

曾经研究日本高中的美国学者托马斯强调，日本的老师除了教学之外，还有很多其他的业务。他说："在美国，学校一般会把教育学生遵守行为规范、激发学生的学习动机等事情派给其他教育人员，老师只需要专心给孩子上课。"

在美国，老师只负责上课。学生心理问题是由学校心理咨询师、专业的临床心理咨询师来负责的。教委直属的学校心理咨询师通常会同时兼顾两三所学校，负责给学生做心理咨询。老师只要专心上课就可以了。

这种模式在日本就很难实施。前些日子，日本教育部决定给各个都道府县的学校配备学校心理咨询师。应该说，这是一个划时代的决策。这个决策的背后是当今学校的"霸凌"现象已经超出了常规范围。正如某所中学的老师所说，"在如今的时代，用热情和善意已经解决不了问题了"。无论如何，专家的帮助不可或缺。事实上，具有实际处理能力的临床心理咨询师的人数在不断增多。

日本的学校正朝着"开放式的方向"转变，逐渐形成"与他人共同完成任务"的体制。有人把这种现象称作"日本学校的国际化"①。日本学校想要真正实现国际化，应该打开校门，邀请校外人士走进校园，携手开展实践活动，而不是单纯地开展英语教育。我认为，对外敞开学校大门是踏上国际化道路的第一步。

时代发生了巨大变化。工作在一线的老师有不同的类型，比如传统古板型、新颖时尚型。因得知自己班中的学生与以前的班主任交流愉快而感到不爽的老师就属于传统古板型。只要班级整体不在自己的掌控下，他们就会感到不舒服。相反，有的老师很久以前就会主动带着有拒学症的孩子及其家长到京都大学心理咨询室。他们与心理咨询室的工作人员携手，并且期待孩子康复。这种老师思想比较开放，属于新颖时尚型老师。

顺便说一句，我在此阐述的事项并不局限于小学、初中和

---

① 濑知山澪子，村濑嘉代子，河合隼雄，"作为专业人士的临床心理咨询师"，《心灵科学增刊号：临床心理咨询师职业领域指南》，日本评论社，1995年。

高中。即使在大学，我们也处处可见日本式的母性集团在发挥作用。比如，有的老师对自己的"弟子"接受其他教授的指导会非常反感，有的年轻学子很难阐述与导师不同的意见等。我们在大学里随处能够感受到这种氛围。日本的大学必须成为"开放式的大学"。

我在前面提到要重视教育中的"育人"。临床心理咨询师就是一种完全以人际关系为基础的职业。说到"人际关系"，大家可能认为只要与人多沟通就可以了。为了与对方建立良好的人际关系，除了不断学习知识外，我们还应该对人本身有很深的了解。学习知识不只是学习书本知识，我们还必须从实际体验中获得智慧。我们不应该完全被掌握的知识所束缚。想要培养出这样的心理专家并不容易。日本临床心理咨询师认定协会要求临床心理咨询师必须至少具有硕士研究生学历。关于临床心理咨询师的专业训练，我在此不谈。一个人只有经历了严格的训练，才能真正成为一名临床心理咨询师。

日本教育模式今后或许也不能完全等同于"老师只是专心上课"的美国教育模式。但是我们可以推测，今后临床心理咨询师与学校携手合作的机会会越来越多。临床心理咨询师应当识别出日本教育的特性，深刻地思考教育界如何能够接纳心理咨询，在此基础上与教育界联手完成各项工作。过去也有老师说"酷爱心理咨询"。但是，他们只是为了咨询而咨询。他们甚至完全没有意识到自身的行为对接受心理咨询的孩子及其他人带来了多大的负面影响。他们的失败也导致心理咨询本身受到了极度消极的评价。心理咨询师应该对所有的人际关系极其敏感。此外，他们还必须熟知日本式的人际关系的特征。

我期待从临床心理咨询师与老师的合作中获得更多的实践成果，为临床教育学的发展做出贡献。本书也是我与众多一线老师长时间沟通与交流的产物。

开放式的进修

我认为，教师这个职业具有很强的专业性，很有必要接受专业进修。老师进修一般以邀请"有识之士"开讲座的形式为主。这样的进修活动很有必要。我们常说要让孩子通过体验去学习。那么，老师本身展开体验式的学习，又有何不可呢？在最近以中学生为对象开展的体验活动中，孩子们被要求带上大米、油盐酱醋及其他烹饪原料，以班级为单位，在无人岛上生活三天。让老师来体验同样的活动会如何呢？大人们时常感叹，"现在的孩子"连取火都不会。那"如今的老师"能否取上火呢？此外，在活动中，老师们晚上可以边喝酒、边聊天。这种交流或许能帮助他们拓展思路，产生新想法。

曾经讲述"鲤鱼跃龙门"活动的池田光子老师介绍了孩子

们自身动手制作的"生活记录手册"①。这与我之前介绍的"制作'我是谁'相册"活动有很多相似之处，所以在此予以省略。我只想介绍这个出色的想法是如何诞生的。据池田老师说："那是数十年前的事了。因为公交行业罢工，学校很多老师都回不了家。当时学校的值班室可以住宿。于是老师们就想到了聚集到那里，痛痛快快地聊天。"他们完全不会受到校内的诸多规则限制，因为他们的聊天不是"正式开会"。因此老师们脱离了日常生活，自由地展开讨论，相互间的思想碰撞促进了独特想法的产生。这种形式的交流非常值得我们进一步探讨。

说到老师进修，即使不去无人岛，也并非只有被动式的聆听讲座的形式。我认为，可以让老师们分组，基于自身的教学经验，展开交流。这种形式很实用。时常接触教育案例，思考琢磨，老师会从中得到启发。

今后，孩子的人数会不断减少。各教委部门应当努力积极开展促进老师专业提升的进修活动。京都市教育委员会每年会派遣两名现职老师来到我工作的京都大学教育学部，进修一年临床心理学专业。进修者本人毫无疑义，一起学习的研究生及本科生也学到了不可估量的知识与技能。老师离开学校一年本身就有很大

①　池田光子，河合隼雄，"培养有气势的干劲"，《会飞的教室》，第43期，榆出版，1992年。

的意义。老师此前认为的常识对学生来说或许特别新鲜。此外，进修的老师还可以通过体验有趣的活动，从不同的视角思考老师的生活方式。这些都是非常有意义的。

近年来，各个师范类大学都开设了研究生院。能够走进大学校园，一线老师感到高兴。作为代课老师，我时常去这类研究生院授课，深切感受到这种制度的益处。在课堂上，进修老师的反应与普通学生的反应截然不同。普通学生只是在接受知识。这些知识与他们的个人经验之间有些距离。然而，进修老师具有丰富的教学经验，会结合个人的经历理解授课老师的话。授课老师在课上也会请他们结合自身的教学经历发表观点，随后全班展开自由讨论，这颇有意思。

如果以接受"开放式的学校"的理念为老师的进修目标，那么我们可以让专业老师在三个月或六个月的时间里获得不同的职场体验①，比如去市政府、银行、工厂工作。最主要的是让老师直接体验到其他职业的人的工作方式。我确实觉得老师工作非常忙。但是，或许老师在尝试不同职业的过程中会发现，社会上还有比自己更忙碌的人。老师也有可能通过这个活动，更加深刻地认识到自己有多喜爱教学工作。这些实践经验对老师来说都是很

---

① 我十分欣赏我在第一章中介绍的井阪老师的自由丰富的想象力。井阪老师在大学毕业后工作了一段时间。我觉得他的这些个人经历都在教育现场得到了很好的发挥。

有意义的。

　　我之前介绍过为拒学症高中生开设的"生野学园"。校长村山先生在教职工大会上就每一个学生的问题说道："在普通学校，老师或许只负责教学。但是，在我们这边，宿舍管理、餐饮等工作，老师也都得参加。"[①]我边听边想，今后接受培训的老师应该在培训中学会多角度思考问题。教育委员会不应该一听到进修，就立刻想到大学，应该脱离大学，开展更加自由、多彩的进修活动。

---

　　①　村山实，河合隼雄，"工作人员与儿童及家长共同扶持的第二故乡"，《会飞的教室》，第49期，1994年。

第三节 霸凌与暴力

中学生的"霸凌"成了如今社会关注的问题。当媒体报道某中学生因为受到霸凌选择自杀时，当我们得知那些超出常规的残忍的霸凌行为时，我们就再也不能轻描淡写地说，过去也有霸凌的现象了。霸凌与拒学症是现今日本学校的重要课题。我认为两者都属于日本的文化之病，并不容易解决。关于拒学症，我已经阐述了个人的观点。在此，我围绕霸凌问题展开。首先，我想论述与霸凌相关的暴力问题，因为霸凌与暴力有密切的关系。

暴力的含义

无论何时，暴力都必须被排除。人类进入近代社会，放弃了使用暴力解决问题。在此之前，即使在欧洲，人们也会采用"决斗"的方式一决胜负。我们可以看到美国西部影片中用比较"手臂腕力"的方式去解决问题（这其实也是一种暴力）。然而到了

孩子的心事

近代社会，人类学会了用"合理的方式"来解决问题。暴力作为一种非合理的方式，得不到大众的认可。无论是哪个教育委员会，都会禁止老师体罚学生。

最近，由本间洋平执笔的小说《家族游戏》改编的同名电影引起了很大的反响①。在影片中，母亲和家庭老师都很难管教一名初三年级的拒学症男孩。跟这个孩子谈学习，他会发出奇怪的叫声，逃出家门，甚至还会钻到家中厨房与冰箱之间的空隙中，不肯出来。之前的家庭老师对这样的孩子束手无策。然而，第五个家庭老师吉本老师截然不同。他粗鲁地硬将孩子拉出来，然后狠狠地给了他一巴掌，说："你这小子，以为逃得了吗？"在遇到这样一位"暴力型老师"后，孩子渐渐地变好了。关于故事详情，请各位读者务必阅读原著。我在此关注家庭老师实施暴力的问题。为电影拍手叫好的观众会说"体罚还是很有必要的""学校应该更加严厉地管教学生"等。然而，事实真是如此吗？

我们不应该说家庭老师采取暴力有多重要。采取暴力其实是老师内心极其自然的反应。也就是说，一个连最基本的内容都不想学的孩子居然还要逃出家门。对此，无论是谁都想骂他"你这崽子"。但是，一考虑到自己是家庭老师或者母亲，个体就自

---

① 本间洋平，《家族游戏》，集英社文库，1984年。关于本作品，我在《中年疾病》一书中有说明。

然地抑制了愤怒之情，然后只能忍气吞声地说："来，我们学习吧。"如果是这样的话，那么实际问题就得不到解决。内心的愤怒粗鲁地表达出来，就会成为暴力。这是通俗易懂的道理。但是，实施暴力极其危险。那么，禁止暴力又会有怎样的后果呢？作为生活在当今社会的现代人，我们必须采取让社会认可的方式去表达内心的负面情绪。

英语中有"wildness"（野性）这个词。与野性相关的并不都是恐怖的东西。生长在野外的紫罗兰就具有一种野性美。生存在现代文明社会之中的人们把必要的野性排除得一干二净。被排除的野性爆发后就成了暴力。所有国家都对青少年的暴力行为感到困惑。

正如《会飞的教室》中描述的那样，这是因为青少年们失去了能够被大众容忍的、适当采取武力的机会。他们不知道如何适当地表达野性。日本过去有被称为"调皮大王"的孩子。他们会带着帮手，跟对方打斗。虽说如此，他们的行为远没有如今校园中的暴力行为阴险残忍。

如何适当地让孩子体验野性，是教育的难点。确实，如何发挥野性这个问题连大人都会感到困扰。如今的大人过于注意孩子的行为细节，让孩子不能以自然、野性的方式学习。

孩子升入中学后很容易出现暴力行为。那么，老师在禁止体罚的前提下能对付得了他们吗？以下的案例或许会给老师一些启发。这个案例来自曾经的中学老师寺崎光男先生。寺崎老师带着班里的调皮大王A君去心理咨询室。他对A君说："你在这里说的话，我都会帮你保密。你说什么都可以哦。"于是，A君无所不谈。令老师感到惊奇的是，每周交流一小时，A君的行为居然渐渐发生了变化。感到无趣的是隔壁学校的调皮大王及其手下。他们一找到机会，就会在众多学生面前谩骂A君（省略详情）。A君起先始终忍耐。到了最后，他实在忍不住了，决定某天下午四点，和对方战斗一次。

事发当天，A君急匆匆地跑到办公室，把寺崎老师叫了出来，说："今天下午四点，我绝对会打得很痛快。说不定，明天我就上报纸头条了。"他又接着说："老师，这件事我只告诉你。因为你是心理咨询师，说过绝对不会泄露秘密的。"寺崎老师回答："听你这么一说，我觉得我没有资格当心理咨询师。在知道你的这个秘密后，我无法做到沉默不语。目前我的内心还没有那么强大。实在抱歉，现在我想立刻辞去帮你做心理咨询的工作。""你不想干了？那就别干了。""不做心理咨询，我还是一名老师。作为老师，听了你的那段话后，我不能沉默。这边有电话，我想马上和校长汇报这个情况。""你想打就打吧。"

接到电话，校长和教导主任都来了。看到被说服的A君，校长感到非常高兴。但是，一边的寺崎老师内心似乎特别沉重。他反复强调："我没有资格当心理咨询师。"但是，没想到时隔一周，A君还是来找寺崎老师了，希望继续接受心理咨询。老师说："我上周不是说了嘛，不跟你继续做心理咨询了。"A君立刻说："老师，作为一名心理咨询师，你上周的做法实在太到位了！"

我至今对这个案例都难以忘怀。A君也好，寺崎老师也罢，都相当出色。我最想强调的是，对少年A君心中涌现的强烈的暴力情绪，老师没有以暴制暴，也没有用校规去惩罚他。寺崎老师通过表露自己的人性，给学生真正设置了一个不可缺少的"框架"。

霸凌

在探讨霸凌时，我觉得很有必要围绕暴力展开。我认为霸凌是日本的"文化之病"。关于这一点，我想附加一些注解。霸凌是暴力的延伸物，欧美社会也有同样的认识。

首先，青少年的暴力行为应该说是先进国家都有的"文化之病"。从发生的青少年暴力事件的数量来看，日本社会远远少于欧美国家。美国的高中甚至出现了不借用警察的力量很难解决问题的状况。那么，为什么在日本社会，青少年的暴力事件这么少呢？我会在之后具体论述。

在先进国家，青少年的暴力犯罪案件在急剧增多。我想让各位读者回想一下我之前阐述的"蚕蛹时期"。作为蚕蛹外壳的社会，其抑制力在减弱。然而，蚕蛹内部的力量在增强。因此，当内部变化的过程展现于外部时，过激的反应就出现了。这就是学校出现霸凌事件的一个重要原因。

首先，我们来探讨外在抑制力减弱的问题。在近代社会，科学技术迅速发展，社会也在不断变化。大人在很大程度上对自己失去了信心。在社会急速发展的背景下，和大人的"老套"观念相比，青年人的观念更为时尚，与社会也更加吻合。人们往往消极评价"老套"观念。为了不被说"老套"，大人不得不想方设法地迎合年轻人。

此外，到了近代社会，人们开始追求"自由"。对"抑制"一类的词语的诠释变得更加消极。我已经论述过大人应该认识到对青春期孩子设置"框架"的必要性。他们完全可以颇有自信地"抑制"孩子的行为。在此，我想借用生物学领域的部分观念来解释。近年来，生物学领域的学者认为，在某个个体区别于其他个体的成长过程中，他的行为需要被适当抑制（抑制者的存在很重要）。人类的卵子在受精后，受精卵本身并不是一直在分裂。正是适当地受到了抑制，受精卵才分化出了婴儿的手、脚、头等各个器官。换言之，不存在抑制者，个体就不可能成长。所以，我们必须关注抑制者的重要性。

说到孩子需要受到抑制，我并非强调学校要严格规定学生怎么穿校服，取缔违纪行为。到了如今这个时代，我不会忆苦思甜。我强调的是给孩子设定"框架"，并不是利用校规去捆绑他们。那是有血有肉的"框架"，意义非凡。

在给青少年设置了"框架"的同时，大人也必须对他们的现状有清晰的认识。具体内容我在其他书中已经论述过①。在此，如果只说结论，那么在我看来，很多青少年都处于寂寞、苦闷的状态。我们可以在少数背负着痛苦的青少年身上看到青年期的烦恼与中年期的烦恼。孩子本人很难用语言表达内心的情感。一旦情感爆发，他们就会做出超越常识的残忍行为。我们应当充分理解青少年的内心世界。

不充分"理解"青少年的内心世界的人只会使用"花言巧语"。完全不理解的人只会给青少年的内心带来伤害，或者为青少年的极端行为感到头疼。我们只有一边理解青少年的内心，一边给他们设置一定的"框架"，才能防止暴力与霸凌行为。

在欧洲，暴力通常朝向弱者或是不受欢迎的人。这种带有暴力的霸凌现象较为多见。日本多少也有一点这种倾向。但是，欧美的暴力霸凌明显偏离了日语中"霸凌"的原意。更确切地说，用集团暴力来形容欧美的霸凌似乎更合适。这与日本常见的霸凌现象有质的差别。我之前阐述过，青春期的孩子难以控制自己的

---

① 河合隼雄，《青春就是梦和游戏》，岩波书店，1994年。

内心。在这点上，日本与欧美是共通的。但是这一点在两个社会的呈现方式是有区别的。

首先，在日本，青少年暴力事件的数量极少，这是事实。少于欧美，是因为日本整个社会都在强烈地抑制暴力行为（关于暴力引发的战争行为，在此不予论述）。应该说，这反映出日本母性社会极好的一面。换言之，日本社会的"母子一体感"起到了很大的作用，适当地阻止了年轻人的极端行为。

然而，任何事物都有利弊。这种"母子一体感"的缺点就是它会抑制个人的自由。日本人推崇的"绝对统一平等"对个体成长施加了巨大的压力。每个个体不得不无奈地承受这种压力。一被老师批评成绩差，学生就愈加气愤，想要发泄一通。与整体秩序不吻合的个别弱者就遭殃了。这和欧美社会只对弱者或受到众人讨厌的人实施暴力的现象不一样。因此在日本，不"做统一的事情"有很大的危险性。

个体要想在日本社会中保持独特的个性，通常很容易成为被霸凌的对象。个性张扬往往被形容为"任性"及"扰乱整体秩序"。这种霸凌也会发生在日本的职场中。成人也好，孩子也罢，没有差别。但是，保持独特个性的青春期的孩子受到霸凌的程度更为严重。这如今已经成了社会关注的问题。

为了防止绝对的整体一致性，日本的教育很有必要朝着重视个性的方向转变。正如我在第三章中所论述的，如果班级有一位重视孩子个性发展的班主任，那么班里就很难出现霸凌现象。老师自身也有个性。他在关注每一个孩子的个性的同时，可以与大家愉快地共同学习与成长。这可以说是防止霸凌现象发生的最佳方式。

霸凌弱者的原型是一种被称作"牺牲的羔羊"的现象。为了保持团队的整体性，有人必须付出相应的牺牲。团队成员都会说"他是坏人""如果他不在，那么我们的团队就会好"。大家一致憎恨他，把敌意投向他。只有那样，整个团队才会产生一种绝对的整体感。当然，被选中的这个个体是无辜的"霸凌"对象。如果班级中出现了这种局面，班主任又没有注意到，那么从表面看，他本人确实省事了，但是班内的霸凌现象会更加严重。我们必须认识到这一点。

霸凌也好，暴力也罢，大人必须干脆利落地阻止。

第四节　从儿童文学中学习

在论述师生关系时，我引用了儿童文学名著《会飞的教室》。我认为，临床教育学的研究者能从儿童文学作品中学到很多。临床教育学注重每一个个体，强调用孩子的视角去观察事物。儿童文学也一样。儿童文学不是"为了孩子"的阅读刊物。它是用运用孩子的视角去观察事物本质的方法创作而成的读物。

在对处在教育第一线的老师发表演讲时，我会借用儿童文学名著来阐述个人的观点。然而，当我问到台下的老师"是否阅读过我在此提到的儿童文学作品"时，举手的人很少，这令我惊奇。于是我告诉大家，这些书在老师供职的学校的图书室必定都有，我衷心希望大家能够更多地去阅读儿童文学作品。

"读后感不只是学生的作业。老师们也请务必完成。日本教育部会给获奖者颁发奖状和奖品。"我时常这样调侃。如果这真的能够实现，那么这真是再好不过的事了。

儿童文学中的"教育"

儿童文学中围绕教育展开的故事并不少。至此，我从人际关系出发，从"育人"的角度阐述了个人的观点。以下我想介绍与此内容相关的儿童文学作品。

罗宾森的《记忆中的玛尼》描述的是周围的大人各自采用不同的方式与一名可怜的孩子沟通的故事。故事的主人公安娜是一个少女。在一场交通事故后，她失去了父母。随后，共同生活的祖母也离开了人世。因此，可怜的她不得不作为养女，与养父母一起住。养父会说："安娜，你没有哪里不好啊！跟其他孩子相比，你真的很好。和大家一样聪明。这一点绝不会错。但是，你不喜欢主动尝试做某事。这一点可能会影响到你的将来。"安娜似乎不会主动去做什么事情。她时常面无表情，偶尔会哮喘发作。

假设班级中有类似安娜的孩子，那么没有经验的老师就可能看不清问题的本质。安娜确实不会做令老师困惑的坏事，也不会妨碍课堂教学。虽然不主动积极，但是她也大致能够完成老师交代的事情。或许大家会认为她是一个"没有问题的孩子"。然而，在知道安娜的个人境遇后，我们就能察觉到她的内心受到了很大的创伤。她不愿意积极地挑战，这可以说是一个悲伤的事实。

因为安娜患有哮喘，所以养父决定把她转移到地方上的医院去治疗。送行那天，养父说道："你要听话，做个好孩子哦！在那里要开开心心的。对了，把自己晒黑一点，健健康康地回来。"

听起来极其普通的话却说明养父或许根本没有考虑到安娜的心情。虽然大人是出于好意，但是这其实给孩子添加了很重的负担。"听话""好孩子""开开心心""晒黑一点""健康健康"，净是好的期望。我打个比方，这就像一个人面对一个营养失调、即将病倒的孩子，还不断地向她推荐书籍，一本又一本施加重压。养父认为，安娜已经在安全的环境中得到了很好的保护。但是，当他偶尔想拥抱、亲吻安娜时，安娜往往会拒绝。

安娜去了疗养院，得到了一对老夫妇的照顾。那么，老夫妇到底是怎么做的呢？表面上看，他们什么也没做。他们在口头上也不会说要安娜成为一个好孩子。他们告诉安娜，她想做什么就做什么，想去哪里就去哪里。最关键的是，当安娜做了一些略微离奇，甚至带有危险的事后，这对老夫妇依然能够接受她，也不批评、指责她。老夫妇全身心接纳了安娜。当邻居们说安娜坏话时，老妇人就会干脆地回答："这孩子对我们来说，可是宝贝啊！"

我在此简单描述了老夫妇对待女孩的态度。确实，这也是我在论述"育人"时常用的一个例子。老夫妇全身心地喜欢这个孩子，给予她一定范围内的自由。在这种人际关系的支持下，安娜的内心得到了疗愈（在整个过程中甚至出现了濒临死亡的危险）。各位读者请务必阅读原著，感受其中的细节。这就是一个很好的儿童文学作品促进临床教育学研究的例子。

老师形象

我已经在其他刊物中对儿童文学有过论述。在此，我只想强调儿童文学对学习临床教育学的重要启示，也极力推荐大家阅读儿童文学。

我认为德国作家卡斯特纳的儿童文学作品《会飞的教室》中的别克先生就是理想的老师形象。其实，那部作品中出现了很多老师。如果对他们进行比较，那么我们可以说这是一个围绕"理想老师形象"展开的研究课题。在这部作品中，别克先生与另一名"禁烟老师"形成了鲜明对比。当然，"禁烟老师"这个名字无疑是孩子给老师起的绰号。他不是学校老师，是常年生活在一辆废车中的"隐士"。那辆禁烟的废车被抛弃在菜园中。"禁烟老师"的名字或许就是这么来的。事实上，禁烟老师吸烟吸得比任何人都厉害。孩子们算是给他起了一个风趣幽默的名字。

我之前讲到，由于小伙伴成了工业学校学生的俘虏，所以少年们去找"禁烟老师"谈心。他们非常敬爱别克老师，甚至可以

孩子的心事

称他为"正义先生"。正是因为这样，孩子们认为，即使找别克老师商量，也解决不了问题。因为按照校规，外出行为必定是被禁止的。学生必须在学校里学习，不能无事找事。但是，孩子们怎么可能乖乖听话呢？在作品中，作者给出了以下的精彩描述。

"当为区分对与错感到困惑时，孩子们需要借助某些智慧。他们没去找正义老师。相反，他们跨越了栏杆，找到了'禁烟老师'。"此时的'禁烟老师'正是孩子们的人生导师。

我在第三章中提到，别克老师"为了理解孩子们内心的痛苦，一心想成为宿舍管理员"。即便面对超级信任的别克老师，五名少年依然难以启齿。然而，他们最终说清了理由，让别克老师接纳了自己。正是因为尊敬、爱戴别克老师，孩子们才隐瞒了事实，单独行动。但是，孩子们与"禁烟老师"却展开了对话。难道"禁烟老师"胜过别克老师了吗？事实并非如此。别克老师是宿舍管理员，而"禁烟老师"则是一名隐士。这是两者立场不同导致的结果。

社会中的事情并不是想象中那么简单。老师应该与学生保持一定的距离。至少老师跟学生不是朋友。如果老师想与学生成为朋友，那么他就必须放弃教师这个职业，仅仅成为一个照顾学生的人。没有忍耐孤独的能力，一般人很难站在老师的立场去处理问题。虽说如此，师生间也并不是没有心灵交流。别克老师与学生进行了深层的交流。有个学生甚至当场表示，如果别克老师需要他做什么，那么他一定奉命完成。老师毕竟是老师，学生毕竟是学生。只有各自明确自己的身份，才能拥有如此坚实的信赖关系。老师与学生不是黏在一起的关系。

由于儿童文学中的老师形象给予了我们很大的启发，因此在京都大学临床教育学的研讨会上，我们做了一个尝试。我们比较了作家今江祥智的《牧歌》①与灰谷健二郎的《沙场的少年》②中的老师形象，展开了自由探讨。我们没有运用比较文学的方法，只是将作品作为素材，对其中的老师形象做比较。从文学家的立场来说，这可能是歪门邪道。但是，作为临床教育学的一个研究尝试，这具有独特的意义。研讨会当天，今江祥智本人也特地来到现场，这让我们的探讨更加有深度。关于细节，我在其他刊物中有所说明，在此省略。以上就是以儿童文学作品为素材，尝试在大学内展开探讨的实例。事实上，围绕儿童文学中的老师形象展开比较研究，是很有价值的。

---

① 今江祥智，《牧歌》，理论社，1985年。
② 灰谷健二郎，《沙场中的少年》，新潮文库，1990年。

第五章

课堂教学的临床教育学

一般我们认为，指导学生就是临床教育学的主要研究课题。但是，各位读者阅读了第一章后便知道，其实临床教育学的研究课题很广。课堂教学确实是其中的一个研究课题。至今，无论是教授学生知识还是技能，老师都以整个班级为对象，教学目标是有效地传达信息。然而，基于临床教育学注重个体的事实去研究课堂教学，我们应该会得到不同的成果。这也是研究课堂的重要方法。当然，考虑到上课的效率，关注班级整体固然重要。但是，在课堂上积极关注每一个孩子也是必要的。

第一节 何谓重视个体的临床研究

课堂教学的临床研究

最早把学校的课堂作为临床教育学的研究对象的是东京大学的教授稻垣忠彦先生。回忆起来，那应该是1990年的事情了。稻垣先生与副教授佐藤学先生要共同举办课堂教学研讨会，问我是否参加。我接受了他们的邀请，同时具体说明了我参加的两个理由。我一直与处在教育第一线的老师保持着紧密的联系，相互间的交流也较为频繁。我们主要探讨如何指导学生，偶尔也会讨论课堂教学。但是，我本人都没有展开过实际的调查研究。此外，京都大学于1987年开设了临床教育学课程。我认为，参加课堂教学研讨会对临床教育学课程的研发会有帮助。因此，我接受了邀请。

参会代表都是不同领域的专家，其中包括工作在教育第一线的资深老师前岛正俊、牛山荣世、白井顺治，认知心理学领域的佐伯胖，发展心理学领域的野村庄吾，诗人谷川俊太郎，话剧表演艺术家竹内敏晴和上述两位主办人。我也有幸成了其中一员。我们先观看实际课堂教学的视频，随后共同展开探讨。因为研讨会气氛活跃，各位参会代表来自不同的领域，所以我们能够听到不同的见解。这颇有意思。

在研讨会上，我听到了稻垣忠彦先生的观点，对他本人尤为敬佩。于是，我立刻阅读起他的著作来，读后深受启发[①]。他在书中写到，那次组织研讨会的想法源自医学界组织"个案研讨会"的想法。我们临床心理咨询师时常召开个案研讨会。京都大学临床心理学的老师每周必定会参加一次个案研讨会。我也经常参加这种研讨会。但是，我没想到把这种形式扩展到课堂教学研究中去。稻垣先生出自医生世家，他的周围从医人员众多，在了解了医生的个案研讨会后，立刻想到了课堂教学研究。我由衷地钦佩他。他不愧是教育学家。以下我引入其书中的语句。

"像医生举办个案研讨会一样，我们在学校尝试共同探讨课堂教学，就参会代表的教育观、儿童观进行交流，促进课堂教学。参会代表发挥各自的能力，在会上提出教授与学习的理论。在这个过程中，老师也能够提高自身的专业水准。这就是我们最

---

① 稻垣忠彦，《改变课堂》，小学馆，1988年。

初举办课堂教学研究会的想法。"

可以说，这个"课堂教学研究会"的想法在教育界是划时代的。至今，我们确实能看到不少课堂研究。但是由于教育界达成了老师等于教授正确知识的人的共识，所以通常在课堂教学研讨会之后，学校总会邀请一些资深人士来教授正确的授课法。似乎这是唯一的形式。

但是，稻垣先生提倡的"课堂教学研讨会"重视多样化、多视角。研讨会的组织者并不主张所谓的正确教授法，也不会让参会老师去套用某些授课法。相反，老师在会上各抒己见。

我完全赞同这种想法。我也通过体验得到了很多收获。作为学习心得，我出版了《课堂教学系列丛书》[①]。感兴趣的读者请务必参考阅读。我衷心希望在日本各地能够开展这样的课堂教学研讨会。

临床心理学中的个案研讨会也是如此。这类研讨会的最大特点是不主张课堂教学存在完全正确的答案。在探讨算数教学时，参会代表中有人认为这对语文教学也很有启发。一年级的课堂教学或许对六年级的课堂教学也有帮助。大家并不会局限于教授某门学科的某种方法，视野都很开阔。

---

① 《课堂教学系列丛书》，岩波书店，1991—1993年。

课堂中的个人

在课堂上，老师有教案，教案里规定了什么时间教授什么内容。为了提高课堂效率，老师必须考虑时间安排，根据自身的教案进行授课。老师通常熟知所教学生的平均能力，会大致预测教学进度。但是，课堂上也会发生各种意外。比如，老师预计自己在课堂上的提问会得到满意的回答。但是事实上，学生的回答很可能十分荒唐。刹那间，整个班级就会充满一种嬉闹的氛围。此外，有的孩子在课堂上容易做小动作，根本集中不了注意力。就像这样，如果老师关注每一个个体，那么他事先制定的教案计划必定难以完成。

如果课堂上出现了小插曲，那么只注重教学进度的老师就会因为学生的行为产生焦躁的情绪。反之，如果老师关注每一个学生的反应，那么他就难以保证教学进度。如果老师既考虑学生的反应，又不忘记教学进度，那么他就很有可能得到不错的教学成果，教学过程也会变得更有意思。有时候，即使资深老师按照自身的想法顺利地展开课堂教学，这堂课也未必是一堂"好课"。因为在课堂上，学生很难感受到他在教学时敞开了心扉。学生也会感觉被老师压抑了。他们只是在配合老师机械地完成整个教学过程。

优秀老师既要关注班级整体，又要关注每一个学生的行为。

学生中可能存在理解能力超强的孩子、接受能力偏弱的孩子、课堂当天状态不好的孩子等。老师应当时刻留意每个孩子的状态。判断是否找他们回答问题或者下课后找个别学生回答，这些都是老师在课堂中应该考虑的事情。

在我之前提到的课堂教学研讨会中，我有幸观看了山野登代子老师给小学四年级学生上算数课的视频①。我完全能够看出山野老师想尽办法去观察每一个学生。但是，佐藤学副教授却对山野老师的教学行为提出了疑义："老师过于注重每个学生的细节行为，一会儿意识到一声不吭的孩子突然开口了，一会儿又担心那个胆小害羞的孩子很难回答问题。人坐在教室里都快要窒息了。"佐藤先生的意见令我印象深刻。

当然，我并不是在强调老师在课堂上只需要上课，不需要关注每一个学生。但是，如果老师过于注重教室内发生的一切，那么就会给学生带来窒息的感觉。我们心理咨询师也处于相同的状态。心理咨询通常是一对一的形式。如果心理咨询师过于受到来访者的左右，紧张过度，那么心理咨询就会毫无进展。只有两者有了相互信赖的关系，彼此间的交流才会慢慢展开，心理咨询才可能有新的进展。

同样，在课堂上，最重要的是，老师在感受每个孩子的内心

---

① 《课堂教学系列丛书3：算数》，岩波书店，1992年。

的同时，应该相信作为整体的班级。以下我介绍的是当时的小学老师桐田香代子老师分享的案例①。

　　在桐田老师负责的小学一年级的某班有一个经历了不幸的孩子。在教室中，她几乎不开口。这个孩子渐渐觉得老师十分亲切。这确实是好事。但是，在课堂上她也会紧挨着老师，还把小手放在老师身边的其他孩子的肩上。老师继续上课，班级中也没有人反对她这样做。

　　然而，没过多久，班级中的一个小男孩手指着这个女孩喊道："你好狡猾！"因为女孩只希望老师抱她一个人，所以被男孩说狡猾。此时，老师看了看女孩说道："有同学说你了哦。"这时候，女孩说："算了，我也不要抱了。"于是她安静地回到了座位上。就像没有发生过任何事那样，老师继续上课。

　　听了这个个案后，我由衷欣赏桐田老师对孩子们的深厚信任。当某个孩子提出要老师抱时，老师立刻接受她，并且还照常上课。当某个孩子被说狡猾时，桐田老师也能接受，并且把原话直接告诉她。孩子们有他们自己的判断。因为被其他同学说了，所以小女孩下定决心回到自己的座位上。在整个过程中，老师没有发出任何指示，内心丝毫没有动摇，非常自然。能够支撑老师做出这样的决策的是老师本人对孩子们的深厚信任。

---

① 来源于京都市教育委员会主办的进修会。

残疾儿童的教育

残疾儿童的教育也是临床教育学的一个研究课题。究竟要如何教育残疾儿童？特别是，到底怎样给残疾儿童上课才算合适呢？

我在《课堂教学系列丛书》中看到了关于东京爱育保育学校的一节课的描述。在看完视频后，我与校长津守真先生及教导主任岩崎祯子女士进行了沟通①。借用在课堂教学研讨会上佐伯胖老师的话："这么一所普通的保育学校回到了如今学校教育的出发点。它并不是什么特殊学校。在这里，我们真正能感受到教育的普遍性。"参会代表们一致赞同佐伯胖老师的观点。

那么，究竟什么是学校教育的出发点，什么又是所谓的教育的普遍性呢？在学校做到"育人"，这就是学校教育的出发点。在此借用教学经验丰富的牛山老师的话："在小学工作时，我经常被周围人说自己的想法不切实际。然而，在这里，这种想法成了一个理所当然的事实，真是太了不起了。"牛山老师作为小学老师，没有受到学习纲要的束缚。在每天繁忙的"教书"工作中，他丝毫没有忘记如何"育人"。

我之前强调，老师不应该被学生的身心发展阶段的特征所束

---

① 《课堂教学系列丛书10：残疾儿童教育》，岩波书店，1991年。

缚。我完全能够感受到在这所保育学校里，老师通过实际行动做到了这一点。

关于"发展"这个词，教导主任岩崎老师说了以下值得思考的话："在日语中，发展的意思就像射弓箭，是朝着一个目标笔直向前。但是，在德语中，发展（Entwicklung）是敞开、开放的意思。也就是说，无论是横向或是纵向，个体都能扩展、延伸出去。所以个体的发展应该从纵横两方面来考虑。"

正如我所说的，我们不仅要考虑残疾儿童的发展，还要考虑健康儿童的发展。但是，通常老师只着眼于"传授"知识，使学生"进步"。在残疾儿童的教育中，我们再一次意识到了教育的"出发点"。所以说，这所保育学校并不是什么特殊学校。

我在此阐述的是在学校整体范围内实践"育人"的案例。如果普通班级中有残疾儿童，那么我们该如何处理呢？如果像上述保育学校那样，老师给学生很多自由，那么班里必定乱七八糟。我反复强调在日本社会中母性原理是占优势的。只要个体在团队中比较另类，就会被立即排除。如果老师把整个班级看作一个"秩序严谨"的团体，那么班级中的压力自然就会落到残疾儿童的身上。

要让残疾儿童在普通班级中学习，班主任应当适当调整个人的想法，改变班级整体共同进步的目标，接受班级中的个体的多样性。既要尊重每个学生，又要考虑到班级整体，这一点确实说起来容易。我们必须认识到想要做到这一点有很大的困难。否则，"多样化的融合"只是一句空话，班级最终还是摆脱不了母性原理的掌控，又会回到"我们一起前进吧"的状况。

如果老师认为班级整体是重心，那么他就很难照顾到残疾儿童。既然强调尊重每一个个体，那么老师就应该全身心地投入对个别残疾儿童的照顾中。实践经验丰富的前岛先生的话可以给我们很大的启示①。

"去年，我班里有一个女孩患有身心发展方面的障碍。在上体育课时，我特别想让女孩跳过眼前的跳台。我想出了同学间配对的形式。由于我过度投入，渐渐地，我几乎忘了周围的其他孩子。但是，班级整体没有感到意外，课上也没有人受伤。女孩跳过跳台的瞬间，同学们都露出了吃惊的表情。可以说，那是团队对她的尊敬，其中包含了敬畏之情。"

一心一意地与眼前的某个个体沟通同样能在班级中起到很大的作用。但是，如果老师心不在焉，那么班级中就很有可能出现意外情况。老师应该知道，面对一个孩子有时等于面对整个班级。

---

① 《课堂教学系列丛书10：残疾儿童教育》，岩波书店，1991年。

卫生老师的职责

到此为止，我围绕课堂教学谈论了个人的观点。学校也有课时很少、在幕后守护孩子的老师。以下我想围绕卫生老师的职责展开。我经常参加由京都市教委主办的老师专业发展进修活动。在活动中我会遇到不少热心的学校卫生老师。他们同样积极热心地与大家讨论，这令我印象深刻。以下的想法都来自我和卫生老师们的交流。

提起卫生老师，大家的第一反应就是他们坐在卫生室，专门处理学生受伤等突发事件，定期安排学生体检。我们一般认为卫生老师主要关心学生的身体。然而最近，他们对学生的心理问题也有了一定的认识。有拒学症的孩子即使来到学校，也不会去教室，往往会直奔卫生室。当孩子边说"好累"、边来到卫生室时，一般他们既有身体上的疲劳，又有心灵上的疲惫。

在卫生老师的细心照顾之下，孩子们的身心都会逐渐恢复。对他们来说，卫生室简直就是"沙漠中的绿洲"。但是，思想死板、陈旧的老师就会说："孩子们又逃到了卫生室。"很久以前，我听到某位校长这样说："去卫生室的孩子，都是不愿意上学的孩子。"他的意思简直就是学校没有了卫生室，所有孩子都会变好。这实在令人失望。我心想："与其取消卫生室，还是校长您先辞职吧。"当然，我不可能说出口。

听卫生老师们说，近年来这样的校长在减少，学校整体对卫生老师也很重视，加大了对校内卫生室的管理。我由衷感到高兴。卫生老师的工作被认可，卫生室的功能也发挥出来。当然，这其中也出现了不少难点。

最为困难的是"守秘"的问题。孩子来到卫生室后会与卫生老师说连对班主任、父母都不能说的秘密。我在书中说过，秘密其实非常微妙。班主任想要关心班里所有的同学。但是某个学生去了卫生室，向卫生老师说了心中的秘密。那么，班主任内心显然就会感到不安，或许他与卫生老师之间的关系也会变得别扭。然而，如果卫生老师把孩子所说的秘密全部告诉班主任，那么这个孩子今后就再也不会去卫生室了。

校内心理咨询师也处于同样的位置。他们是如何处理的呢？职业心理咨询师经过专业训练，能与学校保持一定的距离。我觉得学校卫生老师在这一点上有为难之处。这个时候，心理咨询师应当与卫生老师交谈，共同思考如何解决问题。今后，卫生老师与校内心理咨询师的合作应该是非常重要的工作。既要从孩子的角度出发，又不能忘记班主任的立场，这并非容易之事。关键是解决问题没有统一的方法。我们必须根据每个学生的不同情况，寻找相应的解决方法。

卫生老师的优势是能够处理学生的身体问题。当卫生老师触摸学生的身体时，孩子的心灵也会渐渐得到疗愈。中学卫生老师小寺成子讲述过这样一个案例。某个中学生说身体不适，来到了卫生室。这个孩子的父亲由于犯罪被关押在牢房。校内所有老师都知道这个事实。但是小寺老师并没有直接询问孩子本人关于他父亲的情况。她只是单纯地照顾孩子，温柔地触摸孩子的身体。于是孩子渐渐恢复了健康。临近毕业时，一直把父亲入狱当作秘密的孩子终于向小寺老师提到了父亲。师生抱在一起哭泣。就这样，孩子最终心情愉悦地毕业了。

令我钦佩的是，小寺老师既出色地完成了本职工作，又对孩子心灵上的疗愈起到了很大的作用。明知孩子的父亲犯罪入狱，但是并没有直接询问，小寺老师的态度值得赞赏。如果卫生老师急切地想要疗愈孩子的心灵，那么他自然就会问："你爸爸是怎么样的人啊？"如果被这样询问，那么那个孩子必定再也不会去卫生室了。身体方面的沟通让孩子的心灵也得到了疗愈。

卫生室在校内是很特别的场所。从指导学生的角度考虑，卫生室会发挥很大的作用。我认为，无论哪个团体，接纳另类事物的能力越强，该团体的治愈力就越强。据卫生老师说，校内卫生室也开始得到教其他学科的老师的理解。探讨卫生老师的职责与存在的意义，也可以说是临床教育学的一个课题。

第二节　快乐课堂

不知何时起，快乐课堂的理念受到了大家的赞赏。刻苦钻研的精神让学习更加有意义。那么，"享受"课堂难道不是完全偏离了主题吗？之后我会具体介绍努力实行快乐教学的高中语文老师片桐启惠分享的个案。她在课后受到了同行的抱怨。比如"要让我们班的学生在课堂上玩，我实在做不到"。即使老师在口头上说提倡"快乐学习"，他们在内心仍然希望学生"刻苦学习"。

日本广播电视放送协会解说委员永井多惠子女士曾经采访过国外的各种类型的学校。她曾经说道："国外老师比日本老师在授课时能带给学生更多快乐。"[1]关于这一点，我本人也非常赞同。那究竟是什么原因导致了这种差异呢？快乐到底是什么意思？快乐与教学有何关系？临床教育学重视实际案例。当然，我

---

① 来自我与永井多惠子女士的交流。

们偶尔也需要稍做停留，展开脑力运动。

"快乐"的教育学

　　为了学习新事物，我们必须付出相应的努力。不只是学习，无论做什么，我们在身心方面都需要付出。我在此省略心灵上的付出。比如，即使坐在同一把椅子上，假如一个人的旁边坐了一位一本正经、难以沟通的上司，他的疲劳程度和独自一人坐着时的疲劳程度是完全不同的。

　　因为过去的日本人贫穷，所以日本人对工作勤劳的人给出了很高的评价。反之，休闲、放松的人会受到否定的评价。如果把勤奋工作看作积极向上的表现，那么"休闲享乐"则会被消极地看作逃避痛苦的表现。谈不上享乐，想要快乐，我们可以在生活中添加"娱乐"的成分。那样的话，我们就得多活动身体，多探索心灵。在这个过程中，我们会消耗大量的时间与精力，有时甚至会感到"痛苦"。作家远藤周作用"苦中作乐"来形容自己创作小说的过程，这令我印象深刻。痛并快乐着。没有快乐是不夹带痛苦的。

　　图1表示的是"快乐"与"身心能量"之间的关系。就教育而言，如果强调"大人教—孩子学"模式，那么学习自然就成了孩子的"重要工作"。重要工作中的休息或快活的行为只停留在

娱乐的层面。所以"快乐学习"一般会遭到抵抗。

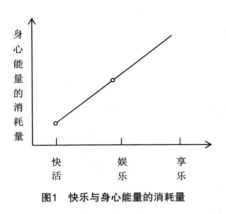

图1　快乐与身心能量的消耗量

在第三章中我提到了"自我"的概念。抹杀自我确实痛苦。表现自我无疑会带来很大的快乐。如果个体很不愿意去做一件事，那么他感受到的痛苦就会加倍。作家远藤周作提到"苦中作乐"。即使感到非常痛苦，但是只要想到能够发挥自身的价值，我们就会感到快乐。图2表示了上述要素间的关系。

请大家回想一下日本教育界推行的"简易修行"模式。其重点就是"抹杀自我"。无论如何，承受痛苦就能得到很高的评价。这种教育模式的背后并不是一个从图中的A点渐渐上升到B点的过程，而是经历自我的死亡，形成独特的个性，随后再展现自我的过程。在图2中，我用A和A′来表示。但是我觉得，用超越平面的方式来表示这个过程更为贴切。

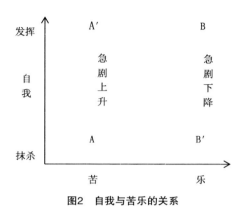

图2　自我与苦乐的关系

　　为了认可与接纳这种想法，我本人做出了很大努力。即使日本人的自我没有出现急剧上升，但是他们通过刻苦学习，其总体文化水平得到了很大提升。我们或许可以说，这种模式推动了日本经济的发展，应当被给予很高的评价。但是如今日本的社会状况发生了变化。日本成了经济大国。所以，日本也不得不改变教育模式。

　　展现自我是快乐的事。为了能够展现自我，人们往往会很努力地去学习。在周围人看来，或许有的努力根本就没有必要。我认为某人喜欢的事与其个性的发展有着密切的关系。为了享受快乐，很多人愿意付出辛勤劳动。在日本的传统观念里，这是"为了随心所欲的快乐在做毫无意义的事情"。但是，我们可以转换思路去理解，即"为了个性发展付出的努力最终能使自己变得快乐，所以我们应当期待做出这样的努力"。

快乐背后也隐藏着痛苦。有时，沉浸在快乐中的我们转眼间就会进入痛苦不堪的状态，甚至还会抹杀自我。如果快乐只是局限于娱乐的层面，那么在快乐结束后，就会迎来悲剧。说到快乐教学，如果老师一味强调快乐，那么课后给学生留下的或许只有空虚。因此，老师应该结合每个学生的个性去展开课堂教学。这才称得上是真正的快乐教学。

高中语文老师片桐启惠想让学生写一篇作文。没想到某个学生只写了两行就说再也写不下去了。他一边流泪，一边说道："我再也不希望老师布置这样的作业了。"①接着，片桐老师换了一种说法："大家一起快乐地写篇作文吧！"学生们依然难以动笔。最后老师提议："我知道大家在小学、初中写了很多作文，而且写得很累。所以今天我想让大家把对作文的各种怨恨写下来。"于是，两个同学一组，各自抱怨起写作文的痛苦来。片桐老师补充道："你们可以用铅笔记下想写的主题，用方言写也可以。"班里的孩子饶有兴趣地写起来。后来老师从中挑选出几个主题，让小组成员在班级中读出来。最后，大家围绕这几个主题完成了整篇作文。

---

① 片桐启惠，河合隼雄，"与青春共响的课堂"，《会飞的教室》，第45期，1993年。

"没想到我居然能收到这么多优秀的作文。孩子们真了不起！他们的表达措辞也很准确。一读起来，我就停不下来了。"片桐老师这样说道。

在这个个案中，片桐老师并没有让学生写"快乐的作文"。她想了很多方法，目的是让孩子将内心的想法表达出来。正是因为学生表达出了自己的想法，整个课堂才活跃起来，甚至老师本人也感到"兴奋不已"。

强制要求课堂必须是快乐的，这毫无意义。老师有一个不好的口头禅。他们通常会对学生说："你们要活活泼泼、健健康康地学习。"强调时刻都要活泼和健康，好比认为只要不下雨、天天晴空万里就是"好天气"一样。那样的话，缺水、干旱也会发生啊！我确实强调在发挥孩子的个性时，情感上的快乐非常重要。但是强行要求快乐会抹杀自我，导致痛苦。另外，说到快乐教学，不伴随痛苦的快乐必定会带来空虚。

快乐教学确实是一个很难的话题。日本教育界依然留存着传统的体制。无论做什么，快乐与健康的体魄都是分不开的。

快乐的创意

说到快乐课堂，首先我们会想到"生活课"。学校课程中有生活课。一方面，我们可以说，日本的学校也有了体验类课程，确实是朝着重视学生个性发展的方向在发展。另一方面，我们也能够讽刺地表达，日本的大人在家中把孩子逼过头了。如今学校居然也开始教孩子怎么去玩了。我过去听到过家委会的负责人说："校长，我们家的孩子每天回家都在拼命学习。务必请学校教教他日常的行为规范。"我不禁感叹，如今的学校居然真的到了要教孩子行为规范和如何玩耍的地步了。

我们暂时停止调侃。我认为，生活课最重要的是老师"只是站在教室中央"，确保整个环境的安全，让学生自由玩耍，从中学到知识技能。

我曾经问过与孩子们一起饲养山羊、共同学习的牛山荣世老师"饲养山羊有什么好处"。他立刻回答我："首先，班级中没有不来上学的孩子了。"在某种意义上，牛山老师回答了拒学症问题的核心。我们能从牛山老师的话中感受到孩子们觉得学校的生活是多么快乐。

关于牛山老师与研究伙伴柿崎老师的实践案例，大家可以阅读已经出版的刊物①。在此，我想介绍牛山先生与孩子们一起养鹅的故事。K君是小学一年级的孩子。起先，他完全不会去关心鹅。前后将近一个月，那孩子始终跟在鹅屁股后面不停地追赶，很想紧紧地抱住鹅。然而在某天，在他真正抱了鹅之后，就热心

---

① 《课堂教学系列丛书6：生活课》，岩波书店，1992年。

地养起鹅来。在这个过程中，牛山老师最初对K君的行为感到不解。渐渐地，他开始观望、守护K君。最后，他支持K君去抱一下鹅。在K君抱到鹅之后，他情不自禁地喊出"我胜利啦"，同时拍着老师的肩膀。

牛山老师这样说道："在生活课上，老师最大的作用是给孩子援助。援助最基本的是要守望孩子。守望并不是对孩子放任不管，而是跟孩子保持距离，观察他们。老师在守望中会有新的发现。渐渐地，老师能够学会自然地陪伴。这才是最重要的。"

K君抱起了鹅，瞬间高兴起来。牛山老师也感受到其中的快乐。所以我们不能忘记，快乐教学的第一步是要"守望"孩子。

课堂要有创意。但是，有老师认为，即使课堂没有创意，也毫无关系。作为生活课的老师，牛山老师开展了快乐教学，有老师的基本态度。他的话也着实令人回味。

在本书中，我介绍了很多个性独特的老师。他们通过各种活动培养学生的个性。这些活动就是"快乐学习"这个想法的成果。快乐不限于课堂之中。让学生快乐学习，老师本人在身心方面都需要付出很大的精力。正如刚才图中所示。我过去也是一名高中老师。为了激发学生的兴趣，让他们快乐学习，我会好好准备课堂教学的内容。这个过程也让我感到很快乐。老师自己首先应当感到快乐。在实践过程中，或许老师的期待会落空。只有思考落空的原因，选择再次尝试，老师才不会受限于陈旧的模式。

　　我在此介绍与社会课相关的"快乐课堂"。我在《课堂教学系列丛书4：社会课》中提到了小学六年级的历史老师平野昇先生的案例[①]。当时，平野老师要讲《蒙古袭来》。平野老师首先展示了《蒙古袭来》的古代画卷。这是老师自己创作的画卷。刹那间，孩子们的眼睛发出了光亮。"画卷，画卷啊！"他们大叫起来。我觉得，平野老师在制作画卷中付出的所有辛劳必定得到了回报。老师将画卷贴在了黑板上。他让孩子们离开座位，走到讲台前。孩子们仔细地观察起来。

　　这样的课堂导入方式完全不同于一般的课堂导入方式（以"今天我们开始学习《蒙古袭来》，请同学们打开教科书"开始）。从孩子们的立场来说，能够离开座位走到讲台前仔细观看老师独创的画卷，尤为新奇。所以他们自然流露出内心的喜悦。此外，这个年龄的孩子对忍者通常极有兴趣。当看到画卷中的忍者时，孩子们达到了兴奋状态。事实上，每一个学生都积极参与，融入课堂教学之中。

　　在整个教学过程中，我们可以感受到老师的"精湛表演"。此外，平野老师是一位非常有才华的老师。他用自身的才华，为"快乐课堂"教学做出了很大贡献。老师时而成为表演艺术家，时而成为出色的演员，这并不那么容易。这种付出让他真正体验

---

　　①　《课堂教学系列丛书4：社会课》，岩波书店，1992年。

到自己在与学生共同成长。在本书中，我没有对话剧论和教育论
展开比较。我认为，那也是一个很有意义的研究课题。

享受失误

一份考试试卷的答案有正确与错误之分。老师通常在试卷上
打钩或打叉，写上分数，最终将试卷归还给学生本人。成绩的分
值通常在0到100之间。0分的同学也是太糟了。换种说法，这张
试卷完全没有测出孩子的能力。世上究竟有没有学生是完全没有
能力的呢？我曾经是高中数学老师。当时，为了学生考试不得0
分，我在出卷时绞尽了脑汁。一般我会在试卷上写上评语。比如
"到这里为止，你计算得没错""此处你的想法很独特""在计
算上你不应该粗心"等。一张试卷成了我与学生的交流手段。学
生也能够感受到，自己是好是坏并不是由成绩决定的。我与学生
形成了亲密的师生关系。

在平野昇老师的课堂上，对于他的提问，同学们给予了洒脱
的回应。班级成员如此积极地参与课堂教学并不常见。我认为其
中隐藏着一个秘密。与其说老师"认可学生的错误答案"，不如
说他把"学生的错误答案得体地运用到课堂教学之中"。日本人
通常特别在意自身在众人面前的过失行为。我在美国时曾被美国
朋友这样问道："当我问日本人问题时，他们为什么立即会回答

'I don't know'？"他告诉我回答不知道的人特别多。比起答错的耻辱，日本人更能接受回答"不知道"。

我们可以在孩子身上看到这种倾向。如果这种倾向过于严重的话，那么自认为不行的孩子就会始终保持沉默。课堂中积极活跃的都是所谓的"学霸"。对于放弃师生互动、沉默不语的孩子来说，课堂无疑是不快乐的。

平野老师的课堂是"发现探索型"的课堂。在看到画卷后，孩子们争先恐后地说出了从中发现的细节，例如"这匹马在流血啊""这里原来是一块盾牌""他们在打鼓啊"等。围绕这些细节，老师又展开了之后的提问："如果他们真是在打鼓，那么他们为什么会在那里打鼓呢？"于是，班里的学生各抒己见。老师的提问固然有"正确答案"。但是，即使学生回答错误，老师也并不会直截了当地说"你说得不对"。平野老师会给学生解释当时的状况。也就是说，他让孩子们从错误的回答中学习，加深对学习内容的思考与理解。

课堂上老师提问，答案对错分明。回答错误"请坐"，回答正确表扬。这样确实可以按照教案进行课堂教学。师生间确实是在互动。但是，那只能说是流于表面的互动。班里所有同学完全是在老师的策划下完成课堂学习的。然而，课堂上必然会有兴致勃勃的孩子、掉队的孩子。如果真正想让课堂教学富有生机、师生间有互动，那么老师应该更好地利用错误的回答来授课。

　　我曾经赴美留学。当时虽然我在研究生院学习，但是在日本我已经作为大学副教授给学生上课了。为了增加自己的授课经验，我经常去聆听美国本科生的一些基础课程。最令我钦佩的是那些回答学生提问的教授们。在我看来，美国学生在课堂上的提问可以说是荒唐的、无聊的。如果在日本出现这种情况，那么学生可能会被教授指责，教授会说"请你先好好看看教材"。但是，美国教授都会肯定学生的提问，也会给予他们合适的回答。课堂上的其他同学也能有所收获。美国大学的课堂就是这样展开的。

　　看到这种情景后，我得出了一个结论。一般我们都认为，日本大学的本科生较为优秀。但是美国的研究生、专业研究者要远远比日本的研究生、专业研究者优秀。出现这种差异的原因就在于老师对待学生的态度。即使是荒唐、无聊的提问，学生也发挥了自由丰富的想象力。美国的老师认为这种想象力能逐渐促进学生提高开拓创新能力。日本的学生只会认为，如果自己提出的问题无聊乏味，那么必定会被众人嘲笑，得提一些有深度的问题。就像这样，自由想象的嫩芽瞬间就被摘掉了。

　　即使是错误的回答、无聊的提问，老师也应该尽力将其运用到课堂教学中。这样的话，即使老师每年教授"同样的内容"，他的课也不会与往年的课"完全一样"。老师应该基于学生的个性，从每天的课堂教学中获得新发现，找到教学的快乐。失误也能使课堂变得有趣而快乐。

第三节　思考型道德教育

　　我认为，在现今的学校中推行道德教育很有必要。但是，我的想法又与通常高喊"道德教育重要"的人有所区别。他们一般强调，造成如今社会混乱的原因是孩子没有受过良好的道德教育。他们强调现在的孩子必须像他们过去那样，接受道德教育。事实上，这是尤为冲动的想法。首先，即使是过去"修身"严格的时代，也有众多凶恶的犯罪事件。应该说，如今少年犯罪的案例很少。此外，政治家通常熟知道德及规则，然而我们还是看到了"了不起"的日本政治家的某些政治行为。这让很多人觉得即使好好教育孩子，也并没有多大的意义。

　　我认为，正是因为个体没有学习过道德，所以才难以合理地判断事物，随之采取相应的行动，最终导致了不少人遭受了损失。作为心理咨询师，我遇到了很多这样的人。我甚至觉得，如果当时多让这些人接受道德教育，那么他们的人生或许会更加美好。

在人生中的某个阶段，我们需要做出极为重要的抉择。是否要结婚？能不能离职？接受这份礼物是否合适？等等。判断错误的人通常会来找我们临床心理咨询师，感叹自己的人生有多么不幸。像这样的来访者实在缺少关于思考"如何度过有意义的一生"的训练。这些训练与个人的智能几乎没有关系。某些一流大学毕业的人也会持有令人失望的人生观与价值观。因此，我认为进行道德教育非常重要。但是，如何"传授"道德，确实是一个难题。

道德能否传授

就像我刚才所述，学校中有的老师强调道德教育重要。相反，也有老师大声提出反对意见。另外，某些与我持有相同观点的老师认为，道德不应该是老师强加于学生的，应该是由学生自己去学习、掌握的。道德这东西教授不了。从道德的本质考虑，我们确实教授不了道德。虽说如此，我们不应该把道德教育放到教育范畴之外。我反复强调育人的重要性。既然育人重要，那么老师放弃教授不了的道德，只能被认为是在逃避责任。

道德教育很重要，但是我们又不能把它作为"一门学科"进行教授。有人强调道德要在学校的整体生活中去传授，特地开设道德课程没有意义。之后我也会说明，确实在道德课程之外进行真正的道德教育的场合不少。课外的道德教育极富意义。但是，在学校整体范围内进行道德教育是很难的事情。因此，在校内为道德教育留出专门的时间还是很有必要的。

　　既然老师面对学生传授不了道德，那么在有限的时间内，师生共同思考道德，结果又会如何呢？之后我会阐述人生中必定会遇到伦理冲突的情况。如果某人知道如何去思考，那么他的人生必定会有相当大的转变。

　　在出现伦理冲突时，通常只有某一方较为"正确"，只有二选一式的回答。然而，这种选择并不能解决实际问题。思考各种选择的过程能够充分展现某个人的个性。关于这一点，师生共同探讨很有必要。

　　如果在有效的时间内思考道德教育，那么老师可能就不会那么轻松了。因为这与老师通常知道"正确答案"、直接教授学生的形式截然不同。进行我提倡的思考型道德教育，老师或许就能发现自己应该从学生身上学习，校内的道德教育就会变得非常"快乐"。但是我也强调过，这种快乐课堂的背后必定会有艰辛之处。一心回避痛苦、只想轻松教学的老师在课堂上通常只会说说大道理。事实上，回避道德教育话题的老师并不少。

　　当然，老师可以教授学生作为社会规则的道德规范——比如红灯停、绿灯行，也必须教授他们。道德教育中也存在难以讲解的部分。开展道德教育必须考虑这两个不同的部分。师生共同思考、探讨"教不了"的道德问题，也是临床教育学的重要课题。

伦理冲突与矛盾

以下描述的内容并非来自道德教育的课本，但是我觉得它是进行道德教育的很好的素材。这是当时日本京都大学研究生田中和子采用的围绕"解决内心冲突与矛盾"的调查法[①]。这种方法采用"编故事"的形式，对日本与美国的测试结果展开了比较。"编故事法"是让被调查者在给出的故事后，根据自己的喜好补全故事。调查者可以从中了解被调查者解决内心冲突与矛盾的方式。以下摘录部分内容。

"法子经常晚交作文。这一天正好是作文提交截止日。前一天晚上，法子写完了作文。但是，就在去学校的途中，作文本突然不见了。法子怎么也找不到。"

这就是事先设定的故事。被调查者需要根据自己的喜好，完成之后的故事。实际上，当被问道"是你的话，你会怎么解决"时，被调查者或许很难回答，因为这是充满内心冲突与矛盾的一种情况。

---

① 田中和子，"从冲突与矛盾解决的过程看日本人的心性——与美国留学生比较的视点"，《京都大学学生咨询室纪要第17辑》，1988年。

很多日本小学高年级的同学会对老师说"我忘记了"。如果问他们为什么这么说，那么他们会说："即使说自己昨天写了作文，老师还是会说我在撒谎。"而美国的孩子会回答："昨天我写了作文，但是路上丢了。"另外，美国孩子还强调不应该"撒谎"。关于"撒谎"，日本与美国之间存在如此差异，这颇有意思。

然而，当我们把这个故事作为道德教材的故事时，我们会得到什么样的结果呢？这个故事其实也隐藏了对老师的质问。如果一个经常忘交作业的孩子说昨天他写的作文在路上掉了，那么老师会有怎样的反应呢？老师很可能会出现条件反射，说："你在撒谎，你不用狡辩。"当孩子意识到会被老师这么说后，他们就会深思一番，找个合适的回答来应付老师。

在上述故事讲述的情境中，"讲述真实情况"无疑是最正确的。但是，无论是日本的孩子，还是老师，他们都很难当即讲述事实。另外，基于日本传统的思维模式，在类似的情境中，学生应当立刻向老师道歉，说自己做得不对。这被看作学生应有的表现。这种道歉的方式在美国行不通。就像这样，晚交作文一下子成了高中课堂上的伦理问题。

我从补全的故事中发现，把"最终老师延迟了作文提交的日期"作为解决策略的美国孩子要比日本孩子多。相反，回答"作文本最终找到了"的日本孩子要比美国孩子多。这种差异也反映出日美学生在人生观上的不同。

在考虑类似的内心冲突与矛盾的课题时，如果以"诚实"为道德准则，那么我们立刻能够得到正确答案。然而，我们不需要立刻获得答案。每个人都有独特的个性。根据实际情况去思考、犹豫、抉择的过程才是最关键的地方。孩子们互相探讨内心的冲突。老师应该像容器一样，接纳他们。老师的这种姿态非常重要。谁都知道不撒谎、说实话是正确的。实际上，老师更应该持有宽容的态度，即使孩子说谎，也要接纳他。如果老师没有这种宽容的态度，只说大道理，那么道德教育只能以理论上的"诚实"告终。

儿童文学名著中有不少描写内心冲突与矛盾的情节。大人朗读、孩子聆听，应该是一种很不错的方式。"如果是你，那么你会怎么样呢？"我们可以中途停顿下来，如此与孩子展开交流，随后再继续朗读。无论如何，让孩子感受文学作品中传递的力量非常重要。老师也应该明确要挑选哪些道德准则来教授孩子。老师应该让孩子自己朗读作品中的重要情节。老师可以询问他们："如果你们想打动对方，那么该怎么朗读呢？"挑选几个孩子，让他们朗读，随后展开比较，这种形式也可以。反复朗读、互相比较、仔细聆听，道德就会渐渐渗入孩子们的心灵。切忌临阵磨枪，急于求成。老师应当知道道德教育中"欲速则不达"的道理。

在学校生活中进行道德教育

应该说，道德教育能在学校整体范围内展开是最理想的状态。对学生来说，老师的举手投足也都是他们接受的道德教育的素材。事实上，孩子并不会按照大人所说的去做。他们会模仿大人所做的去行动。

即使学校没有设置直接传授道德的课程，老师在普通的教学中也能够开展真正意义上的道德教育。以下是中学老师谷口研二在"语文课"上开展道德教育的案例①。

在谷口老师的语文课上，学生们相当胡闹。部分学生席地坐在教室外的走廊上。老师命令他们快进教室，得到的回答是："你要我们进教室，不可能。就像我们要喝酒，你也绝对不会同意那样。"几个胡闹的学生对老师视而不见。面对这样一群中学生，谷口老师想出了一个办法。他找了班里一个同学，与他个别沟通，委托他带一本同学们喜欢的短篇文学小说到教室里去。当班级中有人开始朗读黑人作家理查德·赖特的《黑孩子》时，那些粗暴、胡闹的学生都深深被作品吸引。大家围绕作品中的父亲形象展开了交流。其中有个孩子提出疑义："你们家里都有父

---

① 谷口研二，河合隼雄，"老师眼里的青春期的孩子们"，《会飞的教室》，第40期，1991年。

亲，很快乐。那有没有没有父亲的家庭也很幸福的例子呢？"刹那间，在场的其他孩子都沉默了。他们学习过的知识无法让他们知道这个问题的答案。这时有个女孩边流泪，边轻声说道："大家似乎觉得家里没有父亲，家就不像家的样子。但是不是那回事啊！"之后整个气氛活跃起来，每一个孩子都开始认真思考问题。

日本的语文教科书上有一篇小说，名为《水门》。在学习后，同学们围绕"何为大人""大人的条件"展开讨论。我认为，虽然老师的目标并不是教授道德标准，但是这些活动都与道德教育有关。老师应该让学生静下心来，仔细思考"究竟什么对人是最重要的"。老师本人也要与学生共同思考，参与交流。谷口老师说，孩子们想到的大人的条件"都不是在学校课堂上学到的"。这个回答也侧面反映出如今的学校教育偏重知识学习的现状。

以下我想介绍与道德教育课无关的一个案例。最近发生了阪神大地震，不少孩子暂时离开了原来的家庭，被安排临时居住在其他城市。京都市内有一个名为"山之家"的机构，不少受灾的孩子住在那里。考虑到孩子们的心灵需要呵护，心理咨询研究会的老师会与孩子们一起度过晚自习时间。有位名叫冈本智治的校长在看着孩子们上晚自习时，发现有个小学六年级的孩子在写赈灾体验。

孩子的心事

　　文中大致这样写道："我的爸爸就喜欢看电视。我对他没什么好印象。整天在家看电视，无所事事。不过，在发生地震后，我对爸爸的印象完全改变了。当时，他先自己逃脱了危险。之后，他用尽全身的力量，救出了家中的每一个成员。爸爸既坚强，又出色。我对他产生了尊敬之情。"

　　冈本校长问孩子是否愿意把个人的作文与学校里的同学分享，他欣然答应了。于是，冈本校长在学校的集会上，面对全校学生，朗读了这篇作文。校长说："我一开始觉得这篇文章可能有点难，没想到，一年级的孩子们也都在安安静静地听。"我认为，这也是很好的道德教育。老师完全没有必要教授道德标准。我们能从那个孩子的文章中看到很多道德要素。冈本校长能让全校学生共同分享六年级学生的作文，随后让孩子们思考与感悟，特别出色。

　　还有一个来自石井顺治老师的案例[①]。在校内午餐时间，有个学生经常不喝牛奶，吃了饭就悄悄地溜出教室。老师问她为什么这样，她说因为捡到一只小狗，养在了学校附近的小山里。随后，在班会课上，同学们展开了讨论。大家一致表示，想以班级的名义饲养这只小狗。班主任向校长汇报了实情。校长考虑到狂犬病的危险性，拒绝了老师提出的要求。这里涉及了道德层面的

　　　① 　《课堂教学系列丛书6：生活课》，岩波书店，1992年。

冲突和矛盾。石井老师与班里的同学们互相商量，想尽办法，最终决定把小狗养在一个住得离学校最近的孩子的家里。转眼间，孩子们快要毕业了。大家都为这只小狗的去向感到困惑，于是又开始商量起来。师生共同找遍了学校附近的所有家庭。遗憾的是，他们都拒绝接受。石井老师最终只能把小狗带回自己家里饲养。

老师自己养狗，当然也是一件麻烦事。但是，石井老师起先就没有冲动地立刻拒绝孩子们。他是在问题不断发生的过程中，与孩子们一起思考，共同体会现实中存在的难处。这种姿态值得赞赏。这也可以说是一种道德教育。在共同寻找解决问题策略的过程中，老师极其自然地开展了最佳的道德教育。

宗教问题

在日本的教育中，宗教教育以后可能会成为一个很大的课题。宗教自由是先进国家的共识。日本今后也必须尊重宗教自由。与宗教相关的事情通常只与个人或者家庭有关。因此，事实上，日本政府在公共的教育层面上很难提及宗教问题。

但是，在最近发生的奥姆真理教事件中，人们发现有不少大学毕业的优秀青年加入了这个组织。这令世人颇受打击。为什么这些优秀青年会相信这类宗教团体呢？从组织外部人员的视角看，那是荒唐无稽的行为。但是这种现象尤为极端地反映出日本现代青年的现状。换言之，日本现代青年对宗教完全没有任何免疫力。在基督教文化圈中也有极度膜拜宗教团体的现象。我们或许可以说，这是先进国家都有的现象。

进入21世纪，科学技术得到了迅速发展。于是，人们自然产生了一种错觉，认为人类能合理地解释所有的自然现象，也能够自由地掌控、支配它们。围绕死亡，人们认为也能展开客观的研究，考虑死亡的定义。但是，在研究"我自己的死亡"时，无论如何，个体都不可能做到客观。关于宗教与科学的问题，我在其他著作中已有论述[1]。如何接受自己的死亡这个问题是我们不能忽视的。如果忽视这个问题，那么即使我们采用先进的知识来武装自己，在被问到死亡时也会立刻变得幼稚无知。

关于"我的死亡"，各种理念不同的宗教体系都有相应的回答。我们很难在公共的教育上借用某种宗教理念。但是，我们完全可以用一种敬畏之心来论述人类的死亡、生命的不可思议。我们可以围绕宗教问题的本质来探讨。

我在其他著作中论述过由灰谷健次郎创作的《孩子的身边》[2]的主人公，也就是四岁的小塔的故事。某一天，小塔在幼

---

① 河合隼雄，《宗教与科学的接点》，岩波书店，1986年。
② 灰谷健次郎，"孩子的身边"，《灰谷健次郎的书》，第8卷，理论社，1987年。

儿园里饲养的兔子突然死了。于是他把兔子埋在了一棵榉树下。通常，他会一个人去墓地。保姆接近小塔后发现，他嘴里在不停地嘀咕："死了，死了，死了，即使死了也还在这里呀！""死了，死了，死了，死了，即使死了也还在这里呀！"保姆阿姨就这样，反复地模仿小塔的话。

保姆阿姨对小塔丝毫没有说教的意思。她只是参加了由小塔组织的一场"宗教仪式"——兔子的葬礼。大人要试着理解孩子的行为的意义。

刚才介绍的石井顺治老师的个案也是如此。一只小狗改变了一个孩子的行为，牵涉了老师、班级同学，乃至学校校长。最后，学校周围及同学的家庭也受到了牵连。一个小生命传递了无尽的力量。老师与同学们共同体验了这个过程。我认为这完全不同于朗读道德教材上的"生命何等重要"的语句。

我们必须坚决拒绝现行的宗教人士把宗教观念带到公共的教育体系中。值得庆幸的是，孩子们往往会极其自然地发现身边的宗教问题。如果老师是个有心人，那么他应该能够立刻抓到重点。如果老师敞开心扉，那么他就能够感受到自己与学生站在同一地平线上。总之，道德教育是在师生一起思考的过程中展开的。

第六章

临床教育学的将来

我基于自己的经验与想法，围绕临床教育学，阐释了个人的观点。应该说，这只是一种"尝试"。临床教育学的领域非常广泛。我非常欢迎，并且期待其他"临床教育学"读物出现。最后，我想总结本书的内容，也想对临床教育学的将来做出展望。

第一节　重新探讨教育

临床教育学的出发点是重视个人，这也是这门学问的特征。发挥个人的主体性是临床教育学的重要课题。学校里有上不了学的孩子。我们会把他们看作"异常"的孩子，甚至排挤他们。我们要思考的并不是如何让孩子从"异常"变成"正常"，尽早让孩子回到学校。我们得基于临床教育学的理念，要以上不了学的孩子为中心，去思考问题的本质。那样的话，学校可能就会对个别学生更加关注，实施个性化教育。在对现有的教育模式产生疑问后，教育者本身也会随之改变自身的态度及教学方法。

比如我之前提到的生野学园，学校在毕业典礼上不仅给学生颁发一般的毕业证书，还会颁发考虑每个学生独特个性的毕业证书。在探讨学生问题的教工会议上，学校的非教职人员也都参与进来。学校的规章制度由此发生了改变。这些发挥个人特长的想法与学校这个组织有很大的关系。每一个学生并不只是体制中的

"一小部分"。在促进教育改革方面，每一个个体都是不可缺少的重要存在。

在班级中打算饲养小狗，被校长反对后，我们毫无必要立刻强调"校长不尊重生命的可贵"。我们应该在清楚认识事实的基础上，小心谨慎地完成之后的工作，调查狂犬病的特征、了解饲养动物的卫生管理规定等。随后，再展开下一步的具体工作。在遇到某事时，我们不应该单纯地大喊口号，应该耐心地去具体解决这件事。在此期间，时而停止脚步思考何为教育，时而回顾何为快乐之事。这种理论与实践相结合的形式能显示出临床教育学的最大特征。

重视个人，换言之，就是重视个人的潜力，重视其内在的无限可能性。我们可以说，一个孩子的可能性是无法估量的。虽说如此，这并不意味着只要个体努力，什么都能够实现。每一个人都有各自的极限。个人有了极限，才有了个性的说法。谁也无法否认每个个体中潜藏着的无限可能性。

想要挖掘个人的可能性，人际关系尤为重要。考虑人际关系的本质，将理论与实践结合也是临床教育学的重要课题。这是至今为止学术研究上的一个盲点。说到学问，我们通常会强调方法的客观性、普适性。将研究现象与研究者严格区分开，这是科学研究的前提。到了21世纪后期，这种倾向越来越严重。无论是使用数据，还是运用概念，人类在创造学问体系时都付出了巨大的努力，由此也得到了大量的研究成果。我十分认可学术成果的价值。但是，我本人尤为反对只重视"学问"本身。

教育领域强调重视孩子的个性发展，开发其内在潜能。如果忽略老师自己的个性，不关注师生间的个性的碰撞，那么我们就很难创建"学问体系"。我认为创建临床教育学这门学问十分必要。事实上，临床教育学对高校教育的现状也提出了质疑。

临床心理学对人际关系的探讨十分彻底。临床心理学的理念对促进临床教育学的创建起到了很大的作用。在写作本书时，我停止脚步，不断思考。我认为教育学、哲学、宗教学等学问对于创建临床教育学也是不可或缺的。因此，临床教育学带有跨学科的特点。

最后，正如书中所述，临床教育学对文化、社会也提出了质疑。我在考虑文化差异的前提下，提出了两个原理，即父性原理与母性原理，目的是想把两种理念相对化。我们站在一方的立场上，很容易指责另一方是"邪恶""错误"的。我们应当极力避免如此极端的想法。站在欧洲尊重个人主义的立场下，我们显然就会指责日本传统的教育方式是错误的。但是，日本此前的教育也对日本如今的发展起到了巨大的作用。我们不能忘记外国学者对日本的教育给予了很高的评价。我尤为认同他的观点。但是，原地踏步、不做改变的人已经很难适应现今的社会发展状况了。

今后的教育改革或许并不是"从这种模式转变成那种模式",而是朝着"多种模式融合"的方向进行。当然,其中必定存在更大的困难。

第二节　今后的课题

我在本书中对临床教育学的论述只是一个起点。今后仍有很多课题待探讨。本书只说明了我个人的想法。所以今后我衷心希望不同领域、不同立场的人各抒己见，围绕临床教育学发表更多的论文与著作。如此，一门带有浓郁的跨学科色彩的学问就得到开拓，随后也能得到逐步发展。

我一边撰写本书，一边思考自己想做的事和应该做的事。至此，我多少也算做到了积极去尝试开拓临床教育学。当然，确实有很多内容没有被编排到本书中。

本书主要以幼儿园至高中的学校教育为论述的对象。事实上，生涯教育也包括在临床教育学的研究范围内。成人教育、老年人教育，今后显然是重要的课题。我们在思考成人群体的再教育、再就业时，必须关注到每一个个体，寻找具体解决问题的策略。

此外，家庭教育今后也会被关注吧！在日本彻底实施双休日后，家庭教育问题便会尤为突出。家庭教育的核心是让孩子能够"自由地玩耍"。既要让家庭中的父母不担心，又要让家里的孩子尽兴地玩耍，这究竟如何操作才更为合适呢？我们一般认为，家庭的事属于私事，不能过多干涉。如果每个家庭真的都能按照自家的准则去自由地生活，那么或许真不会出现什么问题。但是，这种想法在日本社会很难实现。这也是日本社会的一个特点。"酷爱学习"的日本人的总体意识形态不得不改变了。然而，改变意识形态也是极其困难的事情。

我在前一章的最后论述了宗教问题。作为日本家庭教育的课题，宗教教育会变得极为重要。我已经简单地举了例子，应该密切关注孩子们有关宗教的想法。我们一般只是考虑如何"教授"孩子。我们几乎都没有付出努力去把握与理解孩子的想法。孩子不能过多地被现有的宗教规范及礼仪所束缚。我们应该研究儿童行为中有关宗教的问题。那样的话，我们就能实施不局限于某种特定宗教流派的宗教教育。

临床教育学的适用范围很有必要扩大到高校。目前的"教育研究"通常把大学排除在外。我们也应该对大学教育展开各种研究。

在今后国际化的时代，为了能够让日本大学与国外大学展开竞争，大学教育及科研情况都应该有所改变。我们不能随性地做出判断。为了能够有效地提出方案，首先我们要对大学教育的现状展开一系列研究。

　　本书主要以师生关系为焦点展开。此外，老师与老师、教导主任、校长之间的关系也都应该被研究。我在书中阐述了教育国际化的理念。校内与校外人士之间的携手配合关系也应该得到研究。我们再从中提出全新的思路。实施双休日后如何度过周末时间，这对孩子、家长而言都很重要。我认为校内与校外人士的相互配合十分重要。我在书中阐述了日本传统的"简易修行"模式。受其影响，即使孩子的休息时间增多，他们的时间往往也会被掠夺。对如何有效利用双休日展开研究，很有必要。

　　临床教育学需要展开跨学科的研究。我衷心希望这门学问能够跨越国界，兴盛繁荣。我在书中已经强调过跨学科研究的必要性。在日本，关心教育的人并不少。我期待他们更多地参与研究和探讨。我们不应该忘记国外学者对日本的教育给予的极高评价。虽说如此，我们也不能放手不管、沾沾自喜。我期待不同专业领域的人士展开友好交流，真正做到用国际化视野去思考教育。

　　因此，正如我以上所述，临床教育学还有待开拓，今后会得到很好的发展。我们必须仔细思考这门新学问存在的意义。切忌将临床教育学置于陈旧的学术体系中。

作者后记

    "临床教育学"是一门全新的学问。为何需要开拓这门学问？它是如何诞生的？我已在本书第一章予以论述。事实上，教育第一线发生着各种各样的事情。如何面对？如何处理？基于如此现实的需求，临床教育学诞生了。我大学毕业后在高中任教。出于对教育的兴趣与热爱，我打算把一生奉献给教育事业。虽然我之后在大学工作，但是我始终与幼儿园、小学、初中、高中的老师保持着紧密的联系。我始终认为自己与工作在教育第一线的老师是"伙伴"，时常期待与大家共同思考、探讨教育问题。

    我基于个人经验，在本书中阐述了个人的很多观点。本书并不隶属于现有的学问体系。它是一本想要开拓一门全新学问的人的引路书。在某种意义上，它也是一个全新的切入点。所以，即便世上出现与本书结构完全不同的同名书，也很正常。确切地说，我衷心期待持有不同观点的人发表自己的观点。

考虑到现在日本所处的社会状况，我深切感受到"教育"的重要性。无论如何思考日本教育改革的方法及方向，我们都应该认识到其中的难点。我在书中阐述了如何进行教育改革，我也充分地认识到那是一条艰难的道路。

阪神大地震之际，我担当了"儿童心灵护理"进修讲座的老师。防灾教委的相关人士也参与其中。我对他们的话记忆犹新。当时在座的有兵库县教育局副局长、教职员工代表。大家共同探讨。他们说："我们之间的观点之争今后还会继续。但是，互相配合完成工作才是我们的共同目标。"我对他们如此有分寸、柔软的沟通姿态，始终铭记在心。

如今的日本教育宛如遭受了"大地震"。确切地说，日本文化整体受到了震动。在如此的社会背景下思考、探讨教育，需要"该对战的时候对战，该配合的时候配合"的态度，也要积极跨越过去，凝聚日本人的智慧。我们可以采取各种方式和手段。我在书中已经表达了自己的想法。衷心希望本书对日本的教育改革有所帮助。

临床教育学的另一个特征是时刻密切结合教育第一线的具体案例。我在书中列举了发生在学校现场的各种案例。我个人觉得那些都是通俗易懂的个案，对于工作在教育第一线的老师应该会有帮助。但是，只是具体阐述案例的经过、罗列事实，缺乏学术研究上的意义，很难促进新观点的产生。在理论方面，我也是随时停下脚步，深深思考。我由衷希望我的见解对今后临床教育学的发展有所帮助。

以上是本书主要的内容。我在书中介绍了众多教育经验丰富的老师，引用了相关文献。其中也有我交往了三十年以上的"伙伴"。他们让我听到了许多有趣的实践案例。考虑到本书整体的结构，我不得不放弃了部分内容。正是获得了众多老师的大力支持，我才有幸完成了这样一本著作。我不仅要感谢书中被提到名字的各位老师，而且要感谢其他被我称为"伙伴"的老师。特别是，日本京都市教育委员会时常给予我和教育第一线的老师共同研究的机会，对此我由衷表示感谢。

京都大学教育学部设立了临床教育学课程。前前后后，我与大学的同事共同努力至今。这些经验促进了本书的诞生。我对这些同事同样由衷地表示感谢。临床教育学课程设立以来，临床教育学得到了发展。我期待今后临床教育学会有更加丰硕的研究成果。

我想对岩波书店负责《课堂教学系列丛书》的各位成员表示感谢。课堂教学是临床教育学中的一个研究领域。围绕课堂教学的可能性及其意义，我在与各位的交流、沟通中学到很多。我们是一个快乐的研究团队。

最后，衷心感谢岩波书店编辑部的山田馨先生。在《课堂教学系列丛书》出版的过程中，我受到了山田先生的热心照顾。本书出版后也受到了山田先生的"热心照顾"。再次深表谢意。

河合隼雄

1995年5月

译后记

怀念临床心理学家河合隼雄先生

箱庭疗法（又称沙盘游戏）不仅是心理治疗的一种技法，也是一种不需要过多语言来表达内心想法的独特方式。箱庭疗法的创始人是多拉·玛丽亚·卡尔夫（Dora M. Kalff）女士。箱庭疗法名称的命名者，就是本书作者河合隼雄（Kawai Hayao）先生。1962年，河合先生获得荣格派心理分析师资格。1965年，他将沙盘游戏从瑞士带到日本。他认为日本文化中原有的盆景结构易于被日本人所接纳。基于这种独特想法，他巧妙地将沙盘游戏命名为"箱庭疗法"。

在日本，河合隼雄先生在临床心理学领域是无人不知的大家，在荣格心理学、箱庭疗法、心理治疗、临床心理学、临床教育学、日本文化论等各个领域都是领军人物。在以下有限的篇幅中，作为本书的译者，我想回忆留日生活中的片段，表达对临床心理学家河合隼雄先生的敬仰与怀念。

本人于2000年赴日留学，2015年回国，在日本完成了从本科到博士的所有课程。从在国内接触日语起，我就对日本人及日本文化持有浓厚的兴趣。记得当时刚进入日本大学学习时，我在"比较文化论"的课堂上知道了河合隼雄先生的名字。课后，我立刻跑到图书馆查阅河合先生的著作，一下子借了三本。学习日语的人都知道，日语的表达方式暧昧，有时让人难以理解说话者真正想表达的内容。然而，河合先生在其著作中提到，日本人在人际沟通中需要时刻关注对方传来的语言之外的信息。换言之，这也是日本民族独特的"察言观色的文化"①。就像这样，在阅读诸多"河合日本文化论"之后，我发现其独特视点的背后是荣格分析心理学。于是，原本酷爱心理学的我极其自然地踏上了荣格心理学的学习之路。《荣格心理学入门》是河合先生的早期著作，书中详细介绍了荣格心理学的真谛，也强调了采用自然科学的客观性去研究心灵的危险②。

在日本兵库县丹波篠山出生的河合先生说着一口亲切的关西方言。其独特的演讲风格更是吸引了众多的粉丝。幽默风趣的语句背后隐藏着诸多事物的本质，时常令人深思。2005年5月24日，天理大学创立八十周年纪念活动之际，河合隼雄先生应邀出席并且做了名为"心灵的时代与临床心理"的报告。"在物质文

① 河合隼雄，石井米雄，《日本人与全球化》，讲谈社，2002年。
② 河合隼雄，《荣格心理学入门》，培风馆，1967年。

明如此富裕的时代，日本人感到幸福吗？""现代社会中教育的
难点"等独到的议题，让我至今记忆犹新。然而，更为幸运的
是，我在奔赴活动会场的途中有幸聆听了河合先生的谆谆教诲。
在三十分钟面对面的交流中，这位心理学大师讲述了其留学瑞士
的个人经历，学习荣格心理学的点滴，还勉励我努力学习，今后
将日本的学术理念及实践方法带到中国，为中日间的学术交流添
砖加瓦。最后，河合先生欣然答应了我的要求，在其著作集上签
名留念。

临床心理学家河合隼雄先生还是一位有名的长笛演奏家。他
在大学时代接触了长笛，后曾一度放弃。然而在五十八岁生日之
际，他又一次拿起了笛子，之后还发行了个人的演奏CD。2004
年4月，时任文化厅长官的河合先生在中之岛大阪市中央公会堂

举行了"河合隼雄演讲会及演奏会"。长笛美妙动听的音色使人回味。然而，作为临床心理学的专家，他依然幽默地提醒热心听众，临床治疗的本质就是要倾听来访者的"弦外之音"，陪伴来访者共同品味其人生中的故事。

留日生活十多年后，我回到了故乡上海，在上海市一所特色高中工作。我在校内负责日语及同声传译的教学，每天与年轻的学生打交道。在课堂上，我密切注视班级的整体情况。同时，我时刻关注眼前的每一个个体。时而守望聆听，时而积极引导。此外，我本人积累了扎实深厚的心理学专业知识，也时常在校内外开展心理讲座及体验工作坊。每当参会者实践体验箱庭疗法时，我都会情不自禁地向大家讲述河合隼雄先生的精彩的人生故事[①]。

在翻译本书期间，我重读了家中珍藏的河合先生的著作，重听了我在留学时录制的河合先生的演讲录音。衷心期待本书被广大的中国读者接受，并且能对大家有所帮助。

最后，我想感谢给予我极大支持的父母及身边众多的朋友。

穆旭明

2019年6月10日

---

① 河合隼雄，《留给未来的记忆》，岩波书店，2001年。